JICHU JIAOYU KECHENG DE XIANDAIHUA GOUJIAN

基础教育课程的现代化构建

谭春慧 ◎ 著

中国国际广播出版社

图书在版编目（CIP）数据

基础教育课程的现代化构建／谭春慧著.—北京：中国国际广播出版社,2022.12

ISBN 978-7-5078-4466-5

Ⅰ.①基… Ⅱ.①谭… Ⅲ.①基础教育-课程建设-研究 Ⅳ.①G632.3

中国版本图书馆 CIP 数据核字（2022）第 232554 号

基础教育课程的现代化构建

著　　者	谭春慧	
责任编辑	尹春雪	
校　　对	张　娜	
设　　计	琦　琦	
出版发行	中国国际广播出版社有限公司［010-89508207（传真）］	
社　　址	北京市丰台区榴乡路 88 号石榴中心 2 号楼 1701	
	邮编：100079	
印　　刷	长春市华运印务有限公司	
开　　本	148mm×210mm　1/32	
字　　数	100 千字	
印　　张	4.5	
版　　次	2023 年 6 月 北京第一版	
印　　次	2023 年 6 月 第一次印刷	
定　　价	65.00 元	

前　　言

　　社会经济的转型和高速发展、多种价值取向并存的文化环境、我国教育政策的调整和教育观念的转变、教育科学理论的重大突破及世界基础教育课程改革的新趋势，为基础教育课程的现代化发展提供了背景。基础教育课程的现代化就是以更高的水平来普及教育，以更加丰富的优质教育为核心、以更加健全的教育体系为保障、以更加灵活的教育机制为动力的教育现代化的实现过程。基础教育课程的现代化作为教育现代化的主体地位，具有基础性和先导性的作用，是一切教育的基础。另外，基础教育课程的现代化也是个综合的过程，是教育概念、教育制度、教育技术、教育方法等方面的全面变革和发展，它的动态性要求我们在不同发展阶段要突出相应重点，在不同领域要找准合适的突破口。

　　鉴于此，作者撰写了《基础教育课程的现代化构建》一书，全书在内容编排上共设置四章，分别是基础教育课程的理论审视、基础教育课程的多样化分析、信息化视域下基础教育课程的现代化构建、基础教育课程质量监控机制的现代化构建。

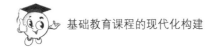

本书有两大特点，首先，结构严谨，具有深刻的启迪性，注重构建较为科学、完善的知识结构，重点研究和探讨基础教育的相关内容；其次，全书逻辑严谨有序，既保证了论述内容的全面和系统，也兼顾对重点章节的具体论述。此外，本书文字简练、行文准确，表达简明扼要并注重内容的广泛性，保证基础教育课程的现代化构建相关内容完整性的同时，力求将求新、求实贯穿撰写主线。

在撰写本书时，作者参考和引用了大量学术著作、研究成果，在此仅向相关学者表达诚挚的谢意。由于目前学术研究、作者知识和写作水平的种种限制，本书还存有不足，对此希望各位专家学者和广大读者能够予以谅解并提出宝贵意见。

目　　录

第一章　基础教育课程的理论审视 ……………………………… 1

　　第一节　基础教育的概念界定 ………………………………… 1

　　第二节　基础教育的目的与价值 ……………………………… 2

　　第三节　基础教育的均衡发展分析 …………………………… 5

　　第四节　基础教育课程现代化理论思考 …………………… 10

第二章　基础教育课程的多样化分析 ………………………… 15

　　第一节　课程多样化及其价值分析 ………………………… 15

　　第二节　基础教育课程多样化的表现 ……………………… 25

　　第三节　基础教育课程的多样化结构 ……………………… 33

　　第四节　基础教育课程的多样化发展趋势 ………………… 41

第三章　信息化视域下基础教育课程的现代化构建 ………… 52

　　第一节　基础教育课程改革中的效率与公平 ……………… 52

　　第二节　基础教育课程现代化建构的策略探究 …………… 58

　　第三节　人工智能时代基础教育课程的现代化转型 …… 65

　　第四节　信息技术与基础教育课程的现代化整合 ……… 70

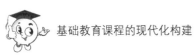
第四章　基础教育课程质量监控机制的现代化构建 ………… 74

　第一节　基础教育课程质量监控机制及其价值 ………… 74

　第二节　基础教育课程质量监控机制的系统构建 …… 102

　第三节　基础教育课程质量监控机制的现代化保障 … 116

参考文献 ……………………………………………… 131

第一章　基础教育课程的理论审视

第一节　基础教育的概念界定

基础教育是我国社会主义现代化的奠基工程，也是高等教育和职业教育赖以发展的基础。基础教育的规模和质量关系到整个教育水平，"基础教育是以提高国民素质为目标而进行的不定向的非专门的基础思想品德和基础文化知识的教育，基础教育不是专业教育，它是整个国民教育的基础环节，基础教育不是为某一个行业，而是为所有行业打基础的"①。由此可见，基础教育是为未来生活，而不是职业做准备。

培养学生形成一定的素质是基础教育的根本任务，从这个意义上可见，实施素质教育是基础教育题中应有之义。基础教育是为了向每个人提供基本知识、观点、社会准则和经验，使每个人能够发挥自己的潜力、创造性和批判精神的教育，它在本质上就是一种素质教育，基础教育的核心就是素质教育。少

---

① 吴庆国，张效宇. 多元视角下的基础教育 [M]. 长春：吉林大学出版社，2017.

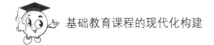

年正处于成长发展的关键时期，这个时期的教育将对他们的一生产生深远影响。素质教育的内容是培养儿童的德、智、体、美、劳等全方面的能力，使今日的孩子成为明天社会有用的栋梁之材，而基础教育的主要目的是培养合格的公民，两者之间具有内在的统一性。任何一个公民，只有具备良好的基础素质。才能更好地向高层次发展。基础教育承担着为人才培养和成长奠定基础的重任，理所当然地应该为未来社会的建设人才提供原始养料。基础教育必须重视素质教育，基础教育的根本任务就是培养高素质的人才，而高素质的人才强调的是全面的高素质。所以，只有把各个方面的素质教育都提高了，才能培养出适应时代发展的公民。

第二节　基础教育的目的与价值

一、基础教育的目的

所谓目的就是我们在特定的环境下有所行动，能够预见不同行为所产生的不同结果，并利用预料的事情指导观察和实践。在教育中，一切良好的教育目的应具备的三个特征：①教育目的必须根据受教育者的特定个人的固有活动和需要，包括原始的本能和获得的习惯；②教育目的必须能够转化为与受教育者的活动进行合作的方法，教育目的要有助于制订具体活动的程序，而这些程序又能够检验、校正和发挥这个目的；③教育目的不应是一种一般的和终极的目的。"一般"意味着抽象，这种抽象又意味着遥远而不切合实际，抽象的教育目的会使人把教学活动仅仅作为准备达到和它无关的目的的一种手段。

教育目的既是特殊的，也是一般的，在它们受历史、传统与习俗、社会政治、经济和环境控制的情况下，这些目的就一定是在特殊环境中产生的，但这些目的也同样具有一定普遍性。就我国而言，基础教育的目的就是造就有理想、有道德、有文化、有纪律的德、智、体、美等全面发展的社会主义事业建设者和接班人。我国基础教育的目的有着相当深厚的现实基础和理论基础，既考虑了受教育者基本素质发展的要求，又反映了政治经济发展对人的要求，它是一般目的和特殊目的的统一。

二、基础教育的价值

第一，就素质教育的理念而言，基础教育价值的独特性在于提高人的素质，促进人的全面发展。基础教育的独特价值表现在两方面：①基础教育的基本目标是提高中华民族的整体素质，它的对象和着眼点是全体人民，而不是一部分人，更不是少数人；②基础教育的功能是为提高全民族的素质奠定基础，它强调的是基本素质的培养，而不是专业人才和某些专门人才的培养。

全面实施素质教育是基础教育改革和发展的根本任务。实

施素质教育就是要全面贯彻国家的教育方针，以提高国民素质为宗旨，以培养学生的创新精神和实践能力为重点，造就有理想、有道德、有文化、有纪律的德、智、体、美等方面全面发展的国家建设者和接班人。基础教育作为整个教育大厦的基础，必须全面实施素质教育，为学生全面发展和终身发展奠定基础，这是基础教育价值最根本的体现。

第二，就脑科学的角度而言，基础教育的价值在于开发人的潜能，促进人的成长发展。基础教育的重要性在于在基础教育阶段中受教育者处于生理、心理的高速发展时期。许多潜能若得不到诱导和激发，过了关键时期就很难转化为人的能力了。在这个宝贵的时期中，让学生学哪些内容、怎样学才能激发学生的潜能，让学生成长为丰富多彩的个体以推动社会的进步，这是基础教育的育人本质功能之所在。

传统观念认为神经系统及其感官的生理解剖特征是与生俱来的，大脑的发展与成熟不受外界环境的制约，只要提供保证大脑生长发育的营养，大脑就会按照遗传的指令自然而然地发展起来并形成个体的特征和学习的能力。然而，随着神经科学的研究发展，人们知道神经元是大脑的基本单位，大脑一旦建立起神经联系的基本框架，神经元活动在决定神经回路的精细排列方面起着很重要的作用。因为神经元活动是在外部世界的影响下诱发的，所以活动能够修饰回路，经验能够影响在细胞与细胞之间传递信息的连接点——突触的联系数量和类型，最终影响动物的认知、情绪和行为。

从脑科学角度来看，教育所起的主要作用就是创设丰富多彩、动态发展、对儿童构成智力挑战的环境，开发儿童的潜能，促进儿童的成长发展。脑科学认为在儿童成长过程中，存在一系列的关键发展期或敏感阶段，又称为学习关键期。脑神经的可塑性在人的一生中有着不同的敏感时期，其中最敏感的时期被称为关键期。在这期间，神经中枢被外部环境因素塑造的幅度很大。所谓关键期也称为敏感期，它是指个体发展过程中环境影响起最大作用的时期。在学习关键期内，儿童能够比较容易学得好或者发展特殊的能力。过了学习关键期，相关的学习就会变得非常困难，甚至不可能进行相关的学习。

人脑的可塑性在外部环境的作用下大致在 15—17 岁才达到顶峰，这说明人脑在人出生后有着动物无法比拟的发展潜能。换言之，人脑在人出生后的发育时期有着巨大的可塑性，而且这个时间段刚好属于基础教育的范围，所以开发人脑的潜能、促进人的成长发展既是基础教育的任务，更是基础教育的价值所在。

第三节 基础教育的均衡发展分析

一、基础教育均衡发展的理念

基础教育均衡发展是与经济社会的均衡发展相呼应、相协

调的。从宏观角度而言，它是不同区域间基础教育的均衡发展；从微观角度而言，它是学校间的均衡发展，其实质就是办好每一所能生存、可持续发展的基础教育学校。均衡发展是个过程，是每所学校办学水平提升的过程，是均衡发展与优质发展的统一。基于这一认识，应确立"基础教育均衡发展是机会与实质的统一"这一理念。教育机会均等是义务教育均衡发展的基本原则，在相当长的一个时期内贯彻这一原则，其最重要的是普及教育，保障儿童平等接受教育的权利。在教育初步普及之后，我们追求的是教育过程中的公正待遇和更高的教育质量，即对教育品质的追求。需要注意的是，不能把"教育均衡"理解为简单而朴素的平均主义，而应在实现教育机会均等的基础上逐步实现教育的实质均衡，为具有不同需求的学生提供多样化的教育服务。

人们对教育均衡的判断与认同，大多是基于自身现实生活的处境和特定的社会阶层与背景，因而不同的利益群体会对教育有着不同的评价标准。就校际差异而言，如果从均等的受教育权来看是不公平的，但如果从满足不同人群的教育需要来看，又是一种公平的具体表现。随着教育发达水平和民众认识水平的提高，教育必然从专业话题走向大众话题，人们的教育质量观也会从单一的考试成绩诉求走向多元化的价值诉求。人的个性充分自由发展需要有多方向、多层次、多类型的教育服务来满足，从而对教育形成多元需求，因而教育的实质均衡也可以理解为能够满足人们多元需求、实现多样化教育的服务。因此，在办学条件逐步改善的前提下，我们的教育政策要鼓励和引导每一所学校从自身实际出发，遵循教育发展规律和人才培养规律，积极发展富有个性的学校文化，从"千校一面"转向自主发展、特色发展和多样发展，为人民群众多样化的选择提供丰富而优质的教育资源，为不同的儿童提供不同的教育，使其天赋、个性和才能得以全面发展、充分发展和自由发展。

二、基础教育均衡发展的对策

（一）创新基础教育的发展政策

我国教育政策的制定与执行，面临着诸多制约因素。科学合理、切实可行政策的出台，必须借助多种不同的理论依据。在特定的社会环境中，针对具体的社会状况而制定相应的政策，需要将不断变化的问题考虑在内。因此，在实践过程中，需要对原有的政策做出调整、改进与更新。

首先，基础教育发展政策制定者的综合素质与价值观念，对于制定国内的基础教育发展政策来说具有举足轻重的作用。拥有能够统领全局的政策制定者是充分认识到某些问题的存在并采用科学、合理的方法制定基础教育发展政策的前提。其次，基础教育发展政策的制定与创新要与现实条件、政治条件相适应。虽然部分基础教育政策并不能完全符合各个阶层的需要，

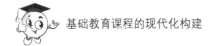

但是根据制定的基础教育发展政策不应该违背政府意愿的原则，基础教育发展政策的制定与创新必须符合社会不同阶层的需要。最后，基础教育发展政策的制定与创新必须有充足的人力、物力和财力资源支撑，通过集中各个方面的意见，以填补决策上的不足与缺陷。

（二）区域内优质教育资源的共享

1. 物质资源共享

在教育资源的均衡发展过程中，物质资源共享是区域内优质教育资源共享的关键。在区域范围内统筹图书馆、运动场等公共资源的建设进程，实现资源的最大化利用，以有限的投入获得最大限度的资源利用率并将剩余资金用来弥补基础教育的不足与弱势，是推动物质资源共享的有效途径。具体来说，建立教科书系统回收与循环利用制度，可以提高来自各种渠道的资源循环利用率，将收到的教学辅助设备、教育专项资金、教材等集中捐赠给贫困山区的学生。在城市社区的规划与创建过程中，可以将体育馆、游泳池、运动场等公共服务设施无偿地提供给学生使用，或者在学校附近修建公共健身场地并购置健身设备，以供校方经营，让学生与居民共享。此外，学校还应充分发挥内部设施、实验室和计算机教室的作用，合理安排学生的课余时间与体验校园文化生活的时间，提高教育资源的利用率。

2. 网络平台资源共享

利用互联网技术为教育资源共享提供支撑，是教育步入信息化时代的重要标志。因此，在不同的地区建立数据库、数据中心，在各所学校内部搭建区域网，为不同地区实现教育通信资源的共享提供方便，是信息技术迅速发展的当下充分利用教育资源、突破校际壁垒的关键。为更多的学生提供优质的教育资源，充分利用互联网平台以促进教育资源共享的特性，能够全面实现优质教育资源的最大化利用。与传统教科书等纸质教育资源相比，通过互联网共享教育信息资源表现出了更加明显的优势。在不同的时间、不同的地点、不同的人群中，相同的教育信息内容可以借助网络平台实现同步传输。借助网络平台的实时传输功能，学生可以不受时空限制地分享学习经验、交流学习心得，这种传统纸质教材无法拥有的优势可以帮助学生节省用在学习方面的时间与精力。教师"走班"制度的设立，能够在一定程度上缩小城乡之间的教学差距，然而由于教师的数量有限，教师与教师之间的素质水平存在较大的差距，教师"走班"制度的实施效果并不理想。利用网络平台开展教学活动，可以为学校的学生和教师创造积极互动的空间。借助电视节目和远程系统，可以加强城乡之间在教育、管理等方面的交流，消除不同级别教育机构间存在的障碍，加强学校间的相互促进，推动教育理念的创新发展和基础教育的全面平衡。

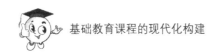

第四节 基础教育课程现代化理论思考

一、课程观念的现代化

课程是为实现学校教育目标而选择的教育内容的总和，包括学校所教各门学科和有目的、有计划、有组织的课外活动。这种强调课程的目的性、计划性、组织性的观念具有一定的合理性、效用性，但它还是深受"泰勒原理"的影响，多基于"目标—手段"的模式反映了行为主义、操作主义等"工艺学模式"的观念，忽略了"潜在课程"的研究，其观念背后蕴含的教育哲学只注重知识体系和社会需求，忽视了儿童发展的需要。

课程观念的现代化是内容既丰富又多样的动态体系。课程观念的现代化不能只限于特定学科的计划与组织，要保持与社会的交流和沟通，不断更新优质的教学素材，培养面向现代化、面向世界、面向未来的高素质人才。因此，为了推动课程观念的现代化发展，必须打破传统课程理念的束缚，构建全新的现代课程理念，在汲取现有的理性要素的基础上拓展课程认知的广度与深度。

具体来说，重新认识课程可以从下述三个层面展开：第一，"体验式"理论视角认为，课程既属于传统学科的范畴，也是整合学生在校园人生体验的载体，合理地选择教学内容，可以顺利地实现课程教学目标；第二，"隐性"理论视角认为，课程等同于学生从课堂获得的学习实践，以及从学校的组织制度和师生关系上得到的成长经验；第三，从更宽泛的意义上说，课程不仅包含学生的知识学习与实践经验，还包括学生在社交方面获得的无形资产。只有把隐性课程与学科教学有机地结合起来，增强课程的实践属性和社会属性，才能促使基础教育取得理想的效果。

总之，课程观念的现代化与经济社会的人才需求基本一致，在整个社会系统呈现出动态、多元、开放的特征时，基础教育的现代化既要体现在学科内容的精心设计方面，也要扩大学科知识的涵盖范围，将与社会生活和学生个体发展紧密相连的、更加具体的知识囊括在内，实现基础教育课程体系构建的现代化。

二、课程内容与结构的现代化

国内的教学方法改革与教育质量提升离不开课程内容与结构的现代化。课程内容丰富了不同学科的知识体系，课程结构促进了不同学科之间的关联。在课程改革稳步推进的过程中逐步丰富课程内容、完善课程结构，对于优化基础教育的教学效果、提高基础教育的教学水平具有十分重要的作用。总体来说，运用先进的科技成果创新课程内容与结构是提高现代科学与人文教育水平的关键举措。为了防止在教学实践中陷入错误的境

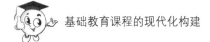

地，课程内容与结构的现代化不应该盲目地将现代化思想作为教学活动的指导原则和教育准则，而应该科学地分析课程内容与结构的基础性、现代性与综合性，并以此为基础稳步推进课程内容与结构的现代化，才能在基础教育课程体系现代化构建的理论创新方面取得比较理想的成果。

（一）课程内容及其结构的基础性

基础性是国内基础教育的本质属性，我国的基础教育是全面提升国民素质的根本措施。在全国范围内推行基础教育，可以培养学生的思想品德意识，提高学生的身心素养层次和科学文化水平。因此，课程教材作为推行基础教育的知识载体，必须从国内和国外的知识瑰宝中挑选出最基本、最符合国内教学实际情况的知识内容，在充分利用各种教育资源的过程中促使学生全面地掌握各种基本知识与学习技巧，并以此为基础不断地提高学生的智力水平和创造能力。此处需要注意，对于陈旧并且不合时宜的传统知识，在重构基础性课程内容与结构时应该及时地甄别并予以摒弃；对于时至今日依然璀璨夺目的传统知识，应该予以保留并设为课程，方便学生在学习现代科技知识的同时能够及时汲取传统知识的养分。

国内中小学的基础教育机制，普遍按照传统的学科体系安排语文、数学、英语等学科知识内容，为教师更好地面向全体学生讲授基础知识提供方便。在国内的中小学课程体系架构中，物理、化学、历史与地理等学科普遍采用与音乐、体育等学科穿插结合的方式，构建学生相对完整的基础知识体系。部分地区的高中学校选择综合教学或者分科教学的方式，从整体的层面出发，科学安排课程内容，合理设置课程结构，此种教学方式在国内已经成为相对常见的高中教学手段。目前，除了我国以外，其他国家也普遍使用综合性比较强的教学大纲，以期增强课程内容及其结构的基础性。

（二）课程内容及其结构的现代性

就现代性而言，这是现代化的必然要求。课程内容的现代性并不是内容越现代越好，因为对于中小学而言，绝大多数最现代的科技和人文成果远远超过他们的理解能力，即使将这些内容按学生的心理发展水平重新编排，在实际操作中也很困难。何况"现代"的标准具有时代性，是不断变化的，要使中小学整个课程内容一直与"现代"标准保持同步，实际上既是不必要也是不可能的。

所以，课程内容的现代性应被合理地理解为以下两方面：①针对那些确实是陈旧的、既不符合现实社会与未来世界的需要又脱离了现代科技的有机知识体系的课程内容，有选择性地加以逐步淘汰，相应地增加、渗透现代科学技术和人文科学的成果。②用现代哲学观念、现代精神重新诠释传统的内容，对于中小学文科的课程来说，这点尤为重要。对于一些相同内容的文化典籍，如语文中的唐诗、宋词和现当代文学中的精品、外国文学作品等，不同时代会有不同的哲学观念去解释其中的

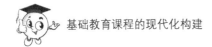

"价值取向"。为使这些文化精华具有现代特性，必须用现代的哲学观念去重新诠释其价值取向。

学科设置体现现代性，则是根据社会生活及儿童成长过程的实际情况，有针对性地增设一些"灵活性"科目且采用"微型课程"的形式来讲授。"微型课程"是一门学科中包含了一系列半独立性的专题或单元，时间可长可短，长至一学期，短则三四周，学生可以根据自己的意愿进行"专题选修"。

（三）课程内容及其结构的综合性

从整体的层面上来看，由于未来社会的一体化发展过程，存在着许多亟待解决的问题。科学发展呈现出综合化的趋势，使得课程的教学改革与课程改革必须重视课程内容与结构的综合性特点，力求突破不同学科之间的界限，形成有机整合的课程体系，如学科整合课程体系、融合课程体系和广域课程体系等。此处需要注意，课程体系的整合并不意味着取代各门独立存在的子学科，而应该在尊重各门子学科发展独立性的基础上加强整合课程内容及其结构的综合性。

第二章　基础教育课程的多样化分析

第一节　课程多样化及其价值分析

从基本的意义上而言，课程多样化反映了一种新的普通教育的观念，这种观念反对仅仅为升入大学而上学，不重视职业知识和技能。我国所坚持的综合技术教育和理论与实践相结合的思想，给予了课程多样化强有力的理论支持。

在强调多样性的同时，应肯定共同性、统一性、普遍性的存在，在强调统一性的时候也要充分考虑个体性、差异性。求同存异，是一种哲学思维；存异求同，也是一种哲学思维。求同存异是在追求"同"的过程中承认差异、承认多样性；而存异求同是在承认多样性的前提下寻找共同点。课程对象的多样性、复杂性，决定了课程的多样性；即使对同一课程，人们也往往会产生不同的认识，形成不同的课程流派，产生不同的课程表现形式，这种区别来自课程的时代性、地域性和民族性的差异。换言之，在不同的课程发展阶段，课程的形态是不同的；不同地区、不同学校的课程也应具有不同的特点，而不同

的民族由于课程文化传统的不同自然会形成不同于其他民族的课程价值观、课程组织观和课程评价观，在这些不同观点影响下的课程本身也会有所不同。

不同的人可能有不同类型的能力，教育应该与受教育者的能力相适应，而不应与受教育者的地位相适应。教育要满足社会普遍的需要，一个明显的标志就是课程的多样化。只有多样化才能照顾到不同群体和个体的教育需求，提高课程的适应性。从教育发展的历史来看，今天的教育已不是传统意义上的普通教育，而是应该包括理性和人文在内的教育，当然不是进行高难度的学术训练，也不应以系统的经典著作为媒介。课程多样化是以合作为基础的分工，强调分立而不是二元，强调总体目标一致基础上的功能分化，这种新的课程理念应该是教育观念和教育实践发展的必然。

一、课程多样化的特性

（一）多元性

多样化课程尊重、认同和接纳多元的价值观，树立一种多元意识，不仅意识到教育理论的多元性存在，任何理论都不过是多元共存中的"一种"可能，而且意识到教育世界本身的多元共存。教育既是一个事实世界也是一个价值世界，既是一个自然世界也是一个精神世界，多元世界共存性是教育的本然，所以要从多元视角来观照教育世界和学生的成长。我国的基础教育课程既有中国传统文化的根基和旧教育的痕迹，又受到国际上教育思想和课程理论的影响，同时我国广大教育工作者也在不断进行实验和探索，积累了丰富的实践经验。这些因素共同决定了我国目前的课程受到多种因素的影响，表现出多元性特征。

（二）灵活性

灵活性实际上强调的是课程的弹性化，多样化的课程是可以修改和变动的。开放是现代社会任何事物发展的基本属性。我国基础教育课程的多样化发展必须树立开放的意识，根据科学发展的规律，及时吸收科技发展的新成就、文化建设的新成果，反映社会和经济发展的新需要，随时增加或减少内容。要建立多元的课程就必须具有宽容的精神，重视各种知识与技能的价值。近年在世界课程改革中出现的整体课程编制方法、平行课程理论等都可以成为我们参照、借鉴的思想和方法。

课程多样化提倡动态性，及时吸收社会文化科技发展的成果进入课程，即注意课程内容的阶段性调整和结构更新，但应注意学生的可接受性和学科的内在逻辑性。不同地区、民族、类型和智力层次水平的人们的课程及课程的具体目标和要求、内容和方法、实施途径和领导体制等应是灵活多样的，是因地、因时、因人制宜的，是统一性指导下的多样性和灵活性。

（三）适应性

我国基础教育课程的适应性表现在以下四方面：①我国地

区间社会经济发展水平的差异性决定了我国基础教育课程多样化要适应不同地区社会经济发展的水平和需要，考虑地方特色和课程资源状况；②课程多样化还强调了课程要适应不同学校的培养目标，根据学校的性质、资源特点采用不同的方法；③在课程实践层面，要适应不同学生的个性特点、兴趣爱好、智能等因素，对不同的学生提出不同的要求；④课程的实施也要适应不同教师的特长和教学特点且体现教师在教学方面的创造性，在目前大多数课程仍然以科学的形式存在的情况下，课程多样化要根据学科特点组织教学。基础教育不仅是学习学科知识的基础，还是人生发展的基础，更是终身教育的基础，只要课程具有了适应性，也就实现了课程的弹性化。

（四）整体性

多样化的课程必须具有结构性、层次性和整体性。多样化课程必须体现出全面发展的精神，必须在价值取向、内容安排、实施方式和评价方式等各个方面进行整体安排。学科内容的分化与综合使课程出现分化和综合化。学科是将知识加以分类并系统化地、分阶段地组织的，但教育内容未必以学科为单位来组织既有学科单位的组织，也有跨学科单位的组织。自学校教育制度化以来，学科内容的分化与综合一直作为课程编制的中心问题。被"技术理性"所排斥的价值领域包含着社会和个人的多种情感、愿望和需求，包含着人的丰富多彩的精神世界。对现代课程的改革正是以扭转上述"技术理性"的偏向为直接动因的。要实现人的丰富性、全面性就必须赋予课程多样的价值，课程的多样化发展就成为必然的选择。学校课程不仅要关注认知目标，还要关注情感、意志、态度等目标。如果没有结构性和层次性的整体要求和安排，课程多样化就会混乱不堪，就难以实现这些目标和价值。

二、课程多样化的作用

（一）课程多样化是基础教育课程发展的趋势

课程多样化孕育着真正的课程复兴，它是基础教育改革的落脚点和归宿，也是教育现代化的标志之一。工业化、城市化、信息化将是我国的基本发展趋势，与此相适应，基础教育的结构特别是专业结构和课程结构也将发生重大调整。课程变革是教育领域十分复杂的现象，不可能用某一种课程实现所有的课程功能。由于科学技术的发展，学科的分化和内容的增加是必然的，而学科的分化程度与内容的丰富程度恰恰可以作为衡量一门学科发展水平的重要尺度。

（二）课程多样化是基础教育课程发展的过程

"课程的多样化是指适应社会转型的客观需要，使课程的内涵不断增长与发展的动态历史过程，是一个内在与外在的统一过程，是外在要求不断内化为自身特性的过程。"[①] 多样化既是

---

① 吴庆国，张效宇. 多元视角下的基础教育 [M]. 长春：吉林大学出版社，2017.

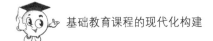

一种课程的存在形态，也是一种课程的形成过程；既是一种静态的结构，也是一种动态的结构。多样化是一种进步，高于原有的课程形态，它使课程不断地"重新布局"，它是课程一种自由的生存状态。课程现代化的途径可以概括为三条不同的道路，即工业化先行者的"嬗变"课程、殖民地的"输入"课程与"后发型"现代化国家的"引进"课程。我国基础教育课程多样化更多的是从单一的、等级层次的模式发展成多元性、更加互动作用的模式。

任何时期课程的发展和变革都是人类课程传统的继续和延伸。课程多样化也是在不断继承课程传统基础上课程的新发展，从某种程度上可以看出课程的演变历史实际上呈现出一种课程逐渐多样化的历史过程。基础教育课程从近代向现代演变，呈现出具有明显特征的三次重大转变，三次转变过程实际上就是课程不断走向多样化的过程。

从20世纪中期到21世纪初期，基础教育功能开始进行第三次实质性的转变。基础教育作为终身教育的起点，将为人一生的发展奠定基础，人们接受基础教育不仅仅是为了生存，而且是为了提高生活质量。基础教育的功能主要是为了发展，即发展个性、开发智力。基础教育不仅要教给学生知识信息，而且要教会学生怎样学习、掌握学习方法、学会处理复杂信息，以及进行研究和创造的学习能力。创造性地培养成为基础教育的重要任务。大众传媒的发展使世界各国各地发生的事件对人们的日常生活产生日益重大的影响，基础教育必须有国际视野，提供增进国际理解的教育，使人们能够尊重不同的文化、不同的民族，培养心胸开阔的有国际视野的人。科技的发展促进了生产生活方式的转变，在一定程度上使人从繁重的劳动中逐步解放出来，人的劳动时间越来越短，而闲暇空余时间越来越多，这就要求基础教育课程要帮助人们掌握绘画、音乐、诗歌、保健、体育运动等技能。终身教育不仅是指教育贯穿人的一生，同时也是指一个人在各个方面处于不断完善的过程。在螺旋式的工作和学习交替的终身教育体系中，基础教育的终端是开放的、多样化的，课程永远保持动态的发展过程。

（三）课程多样化是基础教育课程发展的目标

中华人民共和国成立以来，我国已经经历了多次教育改革，也曾经历过多次反复，但一个总的目标是不断走向多样化。目前正在进行的新一轮基础教育课程改革是教育改革的重要领域，同时也是教育改革的继续和深化，从某种程度而言是世界范围内教育改革的重要组成部分，这次改革在许多方面都提出了多样化的要求，多样化成为改革的重要目标之一。从新课程的培养目标来看，对学生的发展从思想观念、道德品质、态度、情感与价值观、知识与能力、身体素质等方面都提出了全面的要求，这实际上是一种内容多样的目标体系。从新课程的结构设想来看，只有实现课程结构和形态的多样化，才能建

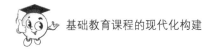

立体现均衡性、综合性和选择性的课程结构。从课程内容选择上来看，新课程提出要加强课程内容与学生生活及现代社会和科技发展的联系，关注学生的学习兴趣和经验。实际上，由于社会生活内容的丰富性、学生经验的差异性及科技发展的动态性，使课程内容的选择体现出多样性的特点。从课程实施方式来看，更强调组织与实施方式的多样化。新课程在教材开发与课程管理上特别提出了教材的多样化和教学内容组织的多样性。在课程评价方面，新课程也突出了评价内容、评价方式、评价工具、评价主体的多样化，从而使基础教育课程改革处处体现出多样化的特点，多样化成为基础教育课程改革的重要目标。

三、课程多样化的价值

(一) 课程多样化的教育学价值

教育学价值——实现高水平、高质量的教育，促进学生全面发展。全面发展的素质教育是我国教育发展的基本方针，全面发展教育的实现必须依靠多样化的课程为载体。高质量、高水平的教育要求课程要适应每个学生的不同发展需要，使每个学生的优势和潜能都得到发展。课程多样化吸收了传统教育内容与现代教育内容，从而使学生的知识结构更加全面和优化，使学生在知识、能力、价值观方面都得到培养，不仅具有现代的科学文化知识和意识，而且具有个性和特长；课程多样化采用灵活的教育方式，有助于多样化课程目标的实现和学生多种素质的形成，充分照顾和考虑了学生的主体性，以落实和实现学生的创新能力和实践能力为宗旨。课程多样化立足于学生群体，强调要尊重学生的个性差异，兼顾学生不同的需要，处理好个性与共性的关系；强调教学要从每个学生的实际出发，采用可选择的内容，注重多种教学方法的灵活运用，根本目的是促进学生的全面发展。课程多样化有助于特色学校的建立和学校自身的发展，是素质教育的实践化。

（二）课程多样化的人本价值

人本价值——科学地处理个别差异，促进每个学生最大限度地发展。课程本来就是多样化的，课程多样化有利于发挥不同课程形式的功能，有利于贯彻多样性与灵活性相结合的原则。我们应该以多样性的设计模式来包容学生的多元能力和兴趣，我们需要认识到多元身份。

因为传统目标取向忽略了人的行为的主体性、创造性和不可预测性，把人客体化、简单化了，把各方面都考虑周全了，唯独忽略了人本身。而多样化课程强调了选择性，照顾了传统文化与当代文化、工具学科与专业学科，有助于个别差异的处理。这里强调的个别差异主要表现为不同地区、不同学校、不同教师、不同学生的不同需要和不同水平。多样化课程借鉴皮

亚杰、布鲁纳的心理学说和加德纳的多元智力理论①，重视学生的原有认知基础、认知结构、学习兴趣、态度及学习方法，注重通过体验与反省使知识进入个人的内心世界，与学生个体的生活境遇和人生经验融在一起。强调尊重生命的独特性和生成性，让每一个学生都能获得成功的机会，体验到生命成长的快乐，重视人本身的发展，促进每个学生最大限度地发展，使学生能够在复杂、多元、快速、多变的社会环境里正确地进行知识选择和创新，实现人的价值。

(三) 课程多样化的文化价值

文化价值——提高课程的适应性，促进多元文化发展。课程的重要功能是文化的传承。课程多样化在本质上是对各种课程目标、内容、形态价值的承认，这样，不同的课程都有可能出现在基础教育课程的体系中。有了多样性才有可能实现选择性，也才能增强课程的适应性。只有课程多样化，才能适应不同地区、不同学校、不同学生的需要，培养适应地区社会经济发展需要的人才，也才能培养学生适应进一步学习的能力，把学生培养成为适应现代社会生产和生活需要的人才，具有适应个人兴趣和特点的各种本领。

---

① 多元智力理论即每个人都至少具备语言智力、逻辑数学智力、音乐智力、空间智力、身体运动智力、人际关系智力和内省智力，后来又添加了自然智力。多元智力理论认为不存在单纯的某种智力和达到目标的唯一方法，每个人都会用自己的方式来发掘各自的大脑资源，这种为达到目的所发挥的各种个人才智才是真正的智力，造就了人与人之间的不同。

课程不断创新文化、不断推动文化发展表现在以下两方面：首先，课程内容不断创新、扩展和建构文化；其次，课程的表现形式呈现多样化，有助于文化的创造与发展。例如，传统的文字教材仍是一个重要的组成部分，多媒体教材、网络教材等呈现强劲的发展趋势，有取代传统文字教材的趋势，课程表现形式的多样化丰富着文化。课程多样化有助于文化的多元发展和多样化的人格重建，实现教育公平和教育民主，实现普及义务教育的社会理想，兼顾儿童在智力发展水平、身体发展水平和速度等方面的个体差异；发挥教师的创造性，促进课程活动质量的提高。要培养出大批适应多元文化时代要求的多样化人才，教育就必须实现多元发展，课程必须实现多样化。因此，倡导"课程多样化"，有助于进一步推动我国多元文化和多元文化价值观的形成和发展。

第二节　基础教育课程多样化的表现

一、基础教育课程目标的多样化

基础教育课程目标的多样化须遵循以下原则。

第一，基础性原则。基础教育是指传授基础知识、形成基本技能和陶冶基本品行的教育。在当代，实施基础教育的主要机构是小学、初中，基础教育是教育的起始环节。帮助学生形

成基础知识、基本技能和基本态度，在任何时候都应该是基础教育课程的目标。基础教育课程目标的基础性原则主要表现在两方面：一是为学生未来的学习、教育和发展打下基础，二是为学生将来的就业和生存打下基础。学习能力、思维能力、收集和处理信息的能力等是基础教育课程的主要目标，随意拔高培养目标往往会造成学生的学习负担过重，而降低目标则会影响学生未来的发展。我国基础教育课程首先要确保基础性目标的实现。

第二，全面性原则。全面发展是我国的教育方针，基础教育课程目标也应体现全面发展的精神。全面性应包括三方面：①德、智、体、美全面发展；②观念目标、社会化目标、社会目标、生活目标等全面发展；③知识与技能、过程与方法、情感、态度、价值观全面发展，使学生既成为未来的学习者，也成为良好的公民。

教育应当促进每个人的全面发展，即身心、智力、敏感性、审美意识、个人责任感、精神价值等方面的发展，形成一种独立自主的、富有批判精神的思想意识，培养自己的判断能力。要使全面发展的人更富有创造性，即要求人能突出创新意向，具有冒险精神、开拓能力、批判精神；更加成熟化，即要求人更加开放化、更有相容性、更有系统观、更了解和认识自己；更有适应性，即要求人要有更强健的体质，有主动适应变化的品质，有更全面的知识和能力、更健全的心理；更具个性化，即要求能够成为独一无二的全面发展的人。

第三，操作性原则。基础教育课程目标既是抽象的、原则性的，又是具体的、可操作的，只有具有可操作性，才能体现适应性和灵活性。从空间上，基础教育课程目标可分为全国性的、地区性的和学区性的；从层次上，可分为幼儿教育、初等教育和中等教育；从类型上，可分为制度化学校、非制度化学校和非正式教育机构；从影响范围上，可分为对部分教育活动发生影响的和对所有教育活动都发生影响的。因此，从全体学生到每一个具体学生的目标都应包括在内。

二、基础教育课程内容的多样化

（一）基础教育课程内容多样化的依据

第一，现代科学技术成就不断涌现，知识的产量剧增，更新换代步伐加快。由于人类认识的对象、认识的主体、认识的方式和方法都具有多样性，使人类认识的成果不断增加，同时这些成果也呈现出多样性。而僵化的划一性在课程内容上注重标准课程、标准化的知识、统一的纪律和价值观，牺牲学生的思考力和创造力，妨碍学生的个性发展，降低学生适应变化的能力。因此，课程内容应该及时更新、吐故纳新，把反映科技最新成就的内容吸收进课程内容体系。这样，课程内容一方面要继承文化传统、反映最优秀的文化成果，另一方面要不断地推陈出新，反映最新的科技成就，从而使

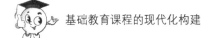

课程的内容有不断增多的趋势。从数量上而言，虽然课程内容不能无限增加，但课程内容存在的形态却在不断地增多，体现出多样化的态势。

第二，课程内容本身存在的创生现象。教师用教材教学的实质是基于教材创生适应学生学习的教学内容，教师使课程内容发生变化具有必然性是基于以下几个方面：①教师不得不考虑不断发生着变化的社会需求；②学生的班集体各有特色；③班集体本身既会因学生学习成绩的变化，也会由于偶发的学习动机而经常发生变化；④教师具有的教学手段是各不相同的；⑤教师本人由于有自己的教学风格和自己的爱好，也不可避免地把自己的个性特点加进了学习过程中；⑥不可能详细地预见不同于教学过程的教学进程。这是因为教师是教学过程的组织者和引导者，其使命就在于思考教学过程中各因素的作用。在教师完成教学任务的过程中，教师的知识基础、性格特点、兴趣爱好、价值观、社会经验、教学风格等都影响着教学内容的创生。换言之，课程内容在实施环节因为教师而不断发生变化，也就是教师不同，得以落实的课程内容实际上并不相同，具有因教师的不同而体现出多样化的特点。

(二) 基础教育课程内容多样化的要求

1. 全面性的要求

课程内容的全面性有以下几点要求：①有助于培养学生预防、辨别和克服各种形式的极端主义的能力；②保证所有学生受到有助于他们选择信息的基础教育；③赋予学生文化意识和体育美感；④提倡有助于人类进步的基本道德价值，培养学生大度、真诚、正直的品质。

基础教育课程不仅强调给不同的人不同的课程，而且是给所有的学生丰富的，能促进现代意识、价值、技能和行为的多样化的课程，适应兼顾不同的人在具体环境中的课程需求，使所有学生都参与到主流文化中。课程内容除了基本的科学知识、技能和社会规范外，应根据时代需要和个人需要来进一步丰富和完善。科学技术的新成果、当代重大社会问题、未来的发展趋势等应适当地充实到课程中去，心理健康与自我保健、人际关系与社会适应、思维与创造方法等内容也应在课程中占有一席之地，学习能力以及信息的收集、选择和处理、应用能力等都应成为课程的内容。

2. 开放性的要求

课程内容要关注科技发展动态，反映人类和社会发展的基本问题，例如信息、人口、环境保护、身体保健的知识等应该进入课程体系。课程知识供应的渠道和方式应该是多样化的。基础教育的课程内容应该克服封闭的单一性，从其他教育形式和平行教育中吸收有益的成分，要注意吸收最新的科技成就、反映人类认识的新成果，要从国外的课程改革中吸收经验教训。科学发展的前沿在哪里，课程内容就应该出现在哪里；政府管辖的边界在哪里，多样化的课程内容就必

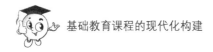

须延伸到哪里。

3. 均衡性的要求

课程内容应反映基础知识与基本技能的要求，也要重视学生的思想道德、情感、态度、价值观的培养。有人确定了与科学、技术、社会因素密切相关的几个领域作为课程内容，即能量、人口、人类工程学、环境质量、自然资源的利用、国防和空间、科学的社会学、技术发展的效果。均衡性先要保证学生在德、智、体、美等方面全面发展，主要表现在传统内容与现代内容的均衡，学术性内容与职业性内容的均衡，知识与技能、态度与方法和情感价值观的均衡，国家课程、地方课程和学校课程的均衡，必修与选修的均衡等。只有多样化，才有可能实现课程内容的均衡化，体现均衡性原则。

4. 适应性的要求

新知识观揭示的地方性知识、隐性知识、程序性知识、建构的知识等均应以适当的方式进入学校课程体系，不同社区、不同文化的知识都应该受到尊重。课程要注意选择具有时代特征、对学生的发展和社会的进步具有现实意义的知识内容，要关注学生实际的、现实的知识需要，体现地方特色和学校特色。课程内容还应适应学生个人的趣味、爱好、习惯和个体需要，适应学生的生活世界，适应现代生活和学生实际。课程内容的改革面临着两个问题：一是难度问题，二是选择问题，而这两个问题又是互相关联、互相制约的。难度问题的解决就是适应时间和空间的需要，适应学习者身心发展的阶段和水平，既要有统一的要求、统一的课程标准，也要适应差异的关系；选择问题的解决就是要使课程的适应性得以实现，使课程适应学生的需要。

（三）基础教育课程内容多样化的方式

1. 传统内容与现代内容相结合

基础教育历来尊崇学术性内容，世界各国概莫能外，特别是在要素主义、永恒主义思潮的推动下，学术性内容一直是基础教育课程的核心。但随着社会发展对各种人才需求的增长，各种新的社会问题的不断出现，再加上进步主义教育和终身教育思潮的兴起，一些新的内容开始渗入教学计划，尤其是环境教育、人口教育、营养学教育和现代家政学等。世界各国把一些世界性的课题融进了学校课程内容，如信息技术教育、和平教育和伦理道德教育等。人们逐渐认识到在知识吸收的过程中实现的态度、才能、本领的形成实际上比知识本身更重要。那种不是把个人全面发展而是把理论知识的简单传授作为目的的内容教育学已经被超越。传统内容与现代内容的共存成为基础教育的重要特点。

2. 学术性内容与职业性内容相结合

我们应当充实和更新公共课内容，以便反映各种现象文化间相互了解的必要性，以及将科学用于为人的持久发展服务等情况，也就是要关心质量问题。基础教育课程一方面应强调基

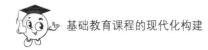

础知识、基本技能的培养，另一方面应强调为学生未来的就业和生存服务，使所有人都获得改善生活的手段，都会感到无忧无虑，各种自由和创造才能将在那里得到最充分的发挥。同时，要培养学生的生活技能，就应开设如保健、卫生、营养、环境、信息技术及公民权利等知识的课程。

3. 基础、工具性内容与发展、个性化内容结合

未来的课程需要教给学生在新的时期所需要的知识和技能。首先，这意味着它需要包括面向所有学生的核心项目，提供使他们成为成功的市民、工人及父母所需要的教育。其次，课程必须使学生能够获得专门领域的知识、兴趣，并提供把学生的专门化学习与课程总体目标联系起来的方式。最后，为了实现这些目的，新的课程需要建立在现行课程的基础之上。课程改革不是偶然出现的，而是教育经济、社会、文化之间的集中反映，是对一系列共同的方法论潜力和方法论问题的共同反映。同时，从开始起，基础教育课程内容就应该可以按照一个人不同的环境和要求而有所改变，教学方法和进度也可以在一定程度上个别化。随着学习者的成长和判断成熟，他在选择和组织他的学习项目方面应有较大的伸缩余地，个人也比较容易按照自己真正的兴趣去掌握这些学科。

第三节　基础教育课程的多样化结构

一、基础教育课程多样化的结构体系

结构是一种支撑，也是一种限制。合理的课程结构是指根据培养目标对各种内容、各种类型、各种形态的课程进行科学安排，以及按照一定的科学标准选择和组织起来的课程内容所具有的各种内部关系。多样化课程结构的优化，就整个课程体系而言是通过整体分析使课程内容结构化；就单一课程而言，是内容要求趋于多样化、合理化，也指调整不同类型的课程之间的结构，使之相互匹配、弹性化。如此一来，最终使不同类型课程之间的关系更趋合理，科学教育课程和社会、人文课程之间更趋平衡，基础教育课程与体育、艺术课程之间更趋平衡；而且随着基础教育年级的不断升高，内容不断分化、多样化，以供学生选择，同时科学课程和道德训练课程之间的关系更趋合理。

从静态、形式结构向动态、实质结构转向，是多样化、选择性的课程结构在课程结构理解上的一次跨越。多样化不仅是源自认识的嬗变，更主要的是结构和功能之间矛盾运动的客观要求，这种新课程结构在实践中表现为多样化、选择性的课程模式，使课程结构优化在实践形态层面得以实现。多样化是对

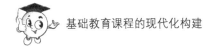

课程结构的新认识，也是优化的突破口，更是课程目标和优化的基本框架。

（一）构建多样化课程结构体系的要求

建立一个新型的、多样化的课程结构比批判和反思原有的旧课程结构要困难和复杂得多。我们否定单一化的课程模式，但也不能使课程模式多样化演变成课程模式的随意化、庸俗化。要想恰当地确定多样化课程模式，需要注意以下几方面。

第一，要研究课程模式的内涵。课程模式是按照一定课程设计理论和一定学校的性质任务建立的、具有基本课程结构和育人功能的、用于特定条件下课程设置转换的组织形式。

第二，要研究构成特定课程模式的基本要素。一种课程模式的形成具备以下三种要素：①课程的共同部分，即同类同级学校课程中统一的学科课程与活动课程；②课程的不同部分；③特定的课时比例。

第三，要厘清课程模式与课程结构的关系。一定的课程基本结构是形成一定课程模式的基础，一定课程模式则是一定课程的基本结构所转换的组织形式。

第四，要把握课程模式多样化的客观依据。①同类同级学校课程所处外部环境的不平衡性，这包括各地经济、文化发展的不平衡性和各校办学水平的不平衡性；②学生的文化科学基础和能力倾向的差异性，这种差异性必然使学生对课程设置特别是对选修课程设置产生不同的需求；③基本课程结构的转换性。通过具体分析这三条客观依据，我们就可以对中小学提出多样的课程模式。

(二) 构建多样化课程结构体系的设想

第一，根据我国经济、文化发展区域性发展的特点，基础教育课程结构应体现灵活性、多样性和选择性，并且突破时空局限，形成立体的发展性课程结构体系；使分科与综合、必修与选修、普教与职教课程相结合，并设置以指导学生进行专题研究性学习为主的综合实践活动课程，以及地方自主选择的课程。我国大的行政区有省、直辖市、自治区、特别行政区；在地域上可分为内地与沿海、城市与乡村，还有广大的牧区；在气候上又可分为南北经济区。学生可以根据自己的特点选修课程，选修课程持续的时间长短应根据学生的具体情况确定，可以持续 2—3 年或更长的时间，也可以选择某个课程单元，甚至选择某一节课的某一项作业，建立个性化课程。

第二，依据学科发展的内在规律以形成学科群，调整课程体系结构。既要在基础教育阶段合理开设若干门课程，又要科学规定每门课在整个课程体系中的特定位置和任务，同时将若干相关学科整合成一个有一定功能的课程组块。具体而言包括以下几方面：①设置多样化的课程。重视多种课程的价值，不随意排斥具有生命力的课程，从根本上改变课程结构和形式单一的问题，使素质教育的目标真正落到实处。②进行多样化的教学活动。在多样化的教学活动中，使不同的学生在日常学校

生活中获得应有的发展。③开展多样化的学习活动。不同的学生采用不同的学习方法，年龄不同、年级不同，学生的学习活动方式也应有所不同，小学应以体验性学习为主，初中应以探索性、创造性学习为主。

第三，依据自然科学、社会科学、思维科学发展的新成果，完善课程内部结构。建立以学科课程为核心、以活动课程为辅助、以问题课程为拓展的内容结构；以必修课程为核心、以限定选修课程为辅助、以自由选修课程为拓展的课程类型结构；以国家课程为基础、以地方课程为辅助、以校本课程为特色的课程组织管理结构；以城市发达地区为基本参照，照顾农村、民族地区差异，体现地方特色的整体结构；从教材建设而言，建立城市和发达地区版、农村版、民族版、地方版等多样化的教材供应体制。统一性与多样性结合，个别差异与基本要求结合，地方差异与统一要求结合；以普通教育课程为核心，适当照顾职业与就业选择的类别结构；小学以综合为主，初中综合与分科相结合，根据个人特点来选择课程。

二、基础教育课程多样化的实质结构及其优化

（一）课程的价值结构及其优化

课程价值观是评判课程活动的基本标准或尺度，它既是人们对课程进行客观认识和主观判断的产物，也是课程历史文化积淀和社会时代发展的产物。教育处于价值体系的中心，而价

值则是教育依靠的支柱，教育者若要在价值多元的社会担负起价值整合和理想重建的使命，就必须成为理性的行动者。价值的比较和辩护工作，可以增强我们对课程价值问题的敏感性，帮助我们养成反思课程活动的习惯和能力。

人是客体，有意识、有目的性，用意识理解世界，具有道德品质。要发展成为这样的人就要培养有关的一些重要品质，如智力品质、道德品质、性格品质、社会能力、实用知识、理论知识、个人价值观念等，这些品质的发展需要通过结构化的课程来实现。

例如，许多国家的道德教育计划所强调的道德价值观念分为如下类型：①社会价值标准，如合作、正直、和蔼、孝敬长辈、社会正义、尊重他人、公民精神、社会责任感、尊重人类尊严、人权、劳动尊严等；②有关个人的价值标准，如忠厚、诚实、守纪律、宽容、有条理、襟怀坦荡、上进心强等；③有关国家和世界的价值标准，如爱国主义、民族意识、和平的公民责任、国际理解、人类友爱、民族间相互依存的意识等；④认识过程的价值标准，如实事求是的科学方法、辨别真伪、追求真理、慎于判断等。

从课程价值观产生的效果来看，曾存在过精英主义课程价值观和大众主义课程价值观。精英主义课程价值观是基于人的层次化、等级化的假设，是一种知识本位、学科本位的课程体系，目标是高级专门人才的培养，其缺陷是造成大多数学生的

学业失败。新基础教育课程价值观提倡一种大众主义的教育价值观，教育活动是为了培养和发展所有学生适应未来社会生活的基本素质，培养全面发展的人。课程的多样化从根本上就是坚持这种大众主义的教育价值观，吸收精英主义教育价值观中的优点，把高级人才的培养与普通劳动者的培养放在同等重要的地位。

我国基础教育课程倡导新的课程价值观，这种课程价值观应该同社会发展及其对基础教育变革的要求相吻合，建立以发展为本的价值体系，确定"学生终身发展"的价值取向，追求一体化的"终身教育"价值，形成"立体动态统一"的价值结构。

(二) 课程的目标结构及其优化

全球化促进了文化的多元性并坚持文化的多样性和差异性。同时，注意构建多元文化的发展环境，培养学生进入多元文化世界的适应力和发展力，促进了多元文化课程的发展。许多国家和地区的基础教育课程都注意坚持多元的价值选择，以多元的视野、多样性原则和个性指向，通过结构优化将各种文化内容整合起来，以适应社会多元文化发展的需要。

实际上，在许多领域都有许多不需要科技天才去完成的工作，需要多种多样兴趣各异、才能各异的人才，需要使所有的人都能找到谋生的位置，以缔造五彩缤纷的世界。我们更应该强调课程民主，使不同的知识都有机会进入课程，使学生具备现代社会需要的系统而广泛的知识技能，实现科技素质与人文素质的统一、智力素质与情感素质的统一，具有终身学习的意识、创新能力与创业能力。

（三）课程的内容结构及其优化

多样化课程应包括以下内容：①思维与观念方面，主要是人们对社会与自然的认识和感悟、人的文化品位、人文素养和人文精神等，知识与能力、情感、价值观的结构，德、智、体、美、劳，特别是世界观、人生观、价值观；②知识能力方面，主要有自然知识、人文知识、社会知识的结构与灵活性，包括一般能力与职业能力两方面，如应变能力、审美能力、自学能力，特别是创造能力，实践能力，发现、分析和解决问题的能力，生活能力，择业能力等；③人格与健康方面，包括素质与人格、个性、意志品质、保健能力、自立能力、奉献精神、事业心、政治方向、态度、情感、价值观等；④公民意识与能力方面，包括责任感、法律意识、达观、宽容、自信、善于交往、社会适应能力、环境保护意识、公民权利意识、能够愉快且有尊严地生活等。从学科的性质来讲，科学不是万能的，科学不能解决价值问题，也不能无条件地推动社会进步。

我国基础教育课程内容的优化应采取的方法包括以下几方面：①就单一课程而言，教学内容的要求趋于多样化、合理化；②就整个课程体系而言，通过整体分析使之结构化；

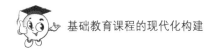

③调整不同类型的课程之间的结构，使之相互匹配，更加富有弹性。

专门的学科知识虽然仍旧是有价值的，但它们和提问、研究、分析、明确关系、进行反思性实践相比，其重要性居于其次。因此，问题的关键在于必须教会学生思考，给他们以思考的工具，使他们能够对将来生活中遇到的无数变化，包括科技变化等做出反应，这些论述强调了实践能力与思维能力的重要性，在建设创新型国家的新时期尤其具有时代意义。

我们可以通过增删课程内容适当地进行如下调整：①增设与新科学技术的发展密切相关的新工具课程，例如计算机和其他与信息技术相关的课程；②增设未来教育课程，致力于培养学生对未来的想象、预测能力和规划自己生活的能力，激发学生对未来的创造热情，以适应变化的环境；③增设人文科学方面的课程，包括社会学、心理学、人类学、伦理学等；④增设环境科学的课程，使学生认识人口、污染、资源、自然保护，以及运输、技术、城乡的开发计划等；⑤增设国际理解教育课程，培养学生对不同文化的尊重和了解世界的能力，具有国际视野，具有爱国精神；⑥增设研究性学习课程，以帮助学生掌握研究性学习方法，可以将第一种课程设为必修课程，其余都以选修的形式开设。当然，在增设一些内容的同时，应减少甚至取消缺乏生命力的内容。

第四节 基础教育课程的多样化发展趋势

一、基础教育课程多样化发展的必然性

任何事物的发展变化总有其依据和理由，我国基础教育课程呈现出多样化发展的趋势，也具有充分的依据和理由。市场经济的高速发展与农村大量剩余劳动力的转移为课程多样化发展提供了经济背景，市场经济的繁荣必然带来社会生产的多样化、社会产业的多样化、社会价值观的多样化及对人才需求的多样化。

第一，市场经济的持续发展使社会对人才的需求呈现多样化的态势，我们固然需要高级技术与管理人才，但也需要大量的中级技术人才和生产一线的熟练技术工人。只有形成合理的各级各类人才结构，才能为经济的持续发展提供可靠保证。同时，我国存在着一定的区域发展不平衡问题，形成了不同地区、不同部门的比较差距和比较优势。表现在教育领域，不同区域之间、城乡之间甚至同一城市不同学校之间都存在一些区别，这些现象的存在必然对教育产生多样化的需要，而要满足这种多样化的需要，就必须以多样化的课程予以保证。

多元文化与多种价值取向的存在，为我国基础教育课程多样化发展提供了基本的观念环境。目前，中国同时面对工业化

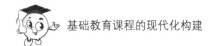

社会、信息化社会的建设任务，使得原来应以历时形态依次更替的农业文明、工业文明和后工业文明在中国的嬗变和演进中转化为同时的并存状态。加之全球经济一体化和多元文化的背景，国内市场经济发展的不成熟使我国现代化的发展进程面临较为复杂的文化生态环境条件。课程理论无极点，课程形态也绝不是只有一种，由于研究方法的多样化、不同课程理论价值取向的多样化，在课程发展的历史上先后出现了众多课程理论流派。多样化课程理论和观念的存在决定了我们必须实行多样化的课程，以实现不同的课程价值。近年来，自主、合作、探究等教学方式的实施在一定程度上提高了课程实践活动的生动性、丰富性。要全面落实素质教育，就必须从不同的课程理论中汲取营养，实行多样化的课程就成了我们的现实选择。

第二，知识进一步被细分成不同的板块，彼此之间相互融合而有交叉，从而丰富课程的内容，为课程多样化提供条件。当今世界各种知识快速增长，知识被细化，呈现出不同的知识相互融合发展的趋势。学科也被细分而产生了很多分支，不同学科的知识相互渗透，从而产生了很多交叉学科。

不同学科使用的科学方法相互借鉴，也产生了一些新兴学科。当今世界科技快速发展，知识总量也在迅速增加，社会的发展也要求人们不断更新知识结构。社会的多元化发展使单一的课程形态逐渐落后，无法满足社会对人才知识结构的要求，再加上学科数量的增加、知识的进一步分化和融合，使得知识生产方式越来越多样化，单一的课程形态必须做出调整。课程的多样化能够帮助学校课程完善学科结构，解决专业性和广博性之间的矛盾，丰富学生的知识，开拓他们视野，使其能够灵活运用知识。

社会的快速发展对人才提出了更高的要求，人们必须提高综合能力，这一要求也为课程多样化发展提供了动力。社会发展需要不同类型的人才，个人应该具备综合素质，二者都推动了课程多样化的发展。当今世界全球化深入发展，科技的进步使人类进入了信息时代，尤其是知识经济的快速崛起对人才素质提出了更高的要求。新课程提出了三维目标，即知识与技能、过程与方法、情感态度与价值观。学生不仅要学会知识、掌握一定的技能，还要形成正确的态度和价值理念。对于个人来说，不仅要具有良好的语言表达能力，还要掌握科学知识、具备科学素养；掌握一门外语，能够熟练操作计算机。相比于过去，教育承担着更重的社会责任和历史重任，不仅要帮助学生掌握科学文化知识，还要培养学生的各种能力；要培养学生形成良好的品德，拥有正确的人生观和价值观，还要提高学生的实践能力、培养学生的创新意识；帮助学生掌握学习方法，学会与他人合作，能够独立做事，具备收集信息和分析信息的能力，又要具备环保意识，身心健康发展；不仅要促进学生个体的全面发展，还要为社会培养所需的人才。要完成这些历史赋予的任务，单一的课程远远不够，必须实现课程的多样化。

第三，教育与学校形态的多样化在物质和制度方面为实现课程多样化奠定了基础。市场经济具有多元化的特征，市场经济体制丰富了办学体制的类型，促使很多不同的办学主体出现，国家、企业、集体和个人纷纷开办学校，还有很多联合办学方式，如国家开办、民间资助，同时对外引进国际教育资源，也由此促使这一新的教育发展模式产生。这些都加速了教育类型、形式等的多样化发展，为人们提供了更加多样化的选择。

基础教育体制类型的多样化促进了教育的发展，使之更加适应生产力发展的需求，也满足了受教育者对教育多样化的需求。同时，教育形态也在不断变化，向传统办学理念提出了挑战。传统教育忽视了人的主体性，使学校变成了生产车间，而教育形态的变化改变了这一局面，打破了单一、僵化的人才培养方式。学生的主体性地位得到了尊重，个性得以发展。教育变革的成功在于以人为中心，打破了传统流水线式的人才培养模式。

教育现代化最明显的特征是教育的多样化，主要是实现教育结构的多样化。正规教育和非正规教育都要发展，只有实现教育和学校形式的多样化发展，才能实现基础教育课程的多样化。

二、基础教育课程多样化发展的意义

(一) 课程多样化发展是一种进步

课程的多样化包括"课程目标实现方式的多样化、课程内容的分化和增加以及课程功能的不断改进等，是课程适应社会发展需要的过程"①。课程的多样化发展趋势充分说明了课程的变革是教育领域十分复杂的现象，也说明课程的研究领域是极其广泛的，不可能用某一种课程实现所有的课程功能。多样化的课程也是对各种历史、经验、理想等的承认和尊重。

同时，每一种课程理论和主张都有一定的适用范围，都有不可避免的局限性。因此，只要社会不断发展变化，课程就会发生变化，社会不断向多元化发展，课程也必然出现多样化发展的趋势。只有课程不断变化，才能适应社会的变化，从而使课程与社会的发展同步，通过变化来实现课程的发展。同时，旧课程在向新课程的变化中有批判、有继承、有肯定、有否定，有渐变的积累期，也有突变的飞跃期，而在多元化的社会，课程的多样化发展本身就是一种进步，对于社会的发展具有重大意义。

（二）课程多样化发展优化课程结构

课程多样化充分展现了课程结构的综合性，提供了更多的选择，同时兼顾均衡性。新课程改革要求将多样化贯穿课程的每个环节，课程越丰富多样，越能为学生提供更多的选择，因此多样化是选择的前提。为了让学生能够自由选择，多样化的课程结构是基础。课程的均衡性指的是学生的综合素质均衡发

———————————

① 李定仁，段兆兵. 论我国基础教育课程的多样化发展趋势［J］. 教育理论与实践，2006（23）：24.

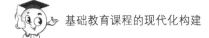

展，包括掌握知识和技能、形成正确的世界观和价值观等。另外，均衡性也包括国家、地方和学校课程发展的均衡性。我国幅员辽阔，地区之间存在较大的差异，开设地方课程和校本课程能够很好地解决这一问题，不仅使知识面有所扩展，是尊重本土知识、个人知识、建构知识、程序性知识等的体现，也是新知识观的具体实践。

（三）课程多样化发展有利于课程改革

每一种课程都有自身的价值和功能，而且具有不可替代性，所以课程改革在理论方面就面临着问题，这些问题如果无法解决，课程改革在理论上就行不通，在实践上也无法推进。面对比较复杂的课程问题，或者某种课程在完成课程任务方面存在着明显缺陷，不能实现教育目标，就必须变革课程，以此实现课程的多样化。每种课程都有自己的作用，可以发挥自身独特的价值。单一课程无法解决一些问题，如无法协调选修课和必修课之间的关系、理论知识和实践知识之间的关系、全面发展和个性发展之间的关系等。但是如果站在多样化的角度去合理分配不同的知识和课程，就可以使问题迎刃而解。要解决课程改革面临的理论难题，实现发展目标，就必须从实现课程的多样化入手，解决课程改革实践中的问题，但也要注意不能太注重多样化而忽视了基本知识和技能的学习。

（四）课程多样化发展促进课程本土化建设

课程的本土化与以下几方面息息相关。

第一，要实现课程的多样化，就必须处理好教育和社会之间的关系。课程主要向学生传授经验，它不只是学科知识，更是一种特殊的活动和学习，也是学生人生经历的一部分。换句话说，课程有两种含义，因为"课程"这一概念十分丰富，而且不断地发展，所以课程的内涵才能得以拓展，这也是实现课程多样化的基础。

第二，课程多样化也关系到课程内多个学科之间的结构问题。学科专家并没有把学科当作基础教育的一部分，认为学生将来要在这一领域深入研究。现代社会的发展导致信念危机愈演愈烈，课程综合化发展已经成为一种趋势，旨在找到普遍的知识，而课程多样化的一个明显特点就是综合化，综合化的课程其实是多样化课程的类型之一。

第三，在教育过程中促进学生个性发展与课程多样化有关系。因为课程的单一化导致教学内容都是统一的，学生练习的机械化导致整个学习过程都非常机械化。对学生成绩的评价将课堂内部分成不同的等级，也让传统课程保持一致性。在开发和运用教材的过程中，对各种可能产生的课堂问题和复杂的课堂环境没有充分的认识，所以学生的个性特点无法体现出来。促进学生个性发展，必须实现课程的多样化，二者是相辅相成的关系。

第四，优化每个课堂情境与课程多样化也有关系。太过自由宽松的课堂很容易受外部不良因素的干扰，所以在实施多样

化课程时既要考虑实际问题，又要注重未来的发展，用心打磨每一个课堂，在潜移默化中影响学生。与此同时，课程的本土化也要求关注课程的中国化。

三、基础教育课程多样化发展的表现

教育的根本变化最终会在课程中表现出来。教育存在的多样化环境生态必然引起教育形态的多样化，而多样化的教育又必然导致课程的多样化。依据泰勒目标模式①提出的设想，我国基础教育课程的多样化发展趋势包括课程目标多样化、课程实施多样化、课程评价多样化等方面。

（一）课程目标多样化

我国基础教育课程目标的多样化。《基础教育课程改革纲要》对我国新课程的培养目标做了明确规定，为我国新一代提出了基本的、共同的发展目标。因此，在保证所有学生基本发展目标都能实现的基础上，应该体现目标的多样性。具体而言，应表现在以下几方面。

第一，由于学生的智力水平、学业基础、学习需求和愿望及学生在个性、特长、兴趣等方面的差异，不同学生的发展目标应该是不同的。这就要求教师在课程活动中要针对学生的特点，提出有区别的、有利于学生发展的、经过努力可以实现的

---

① 泰勒目标模式即根据事先确定的目标选择教学内容和方法，而后评估和改善教学制度，直到达到既定目标为止。

目标。

第二，我国地域广阔，不同地区之间、城乡之间在社会经济、文化发展水平、各种教育资源拥有程度，特别是师资水平、教学质量等方面存在很大的差异。因此，应该在具体的培养目标上有所区别，特别是对于西部地区和不发达地区实行"积极差别待遇"和"教育优先区"的战略，提出不同的要求和目标，体现目标的多样性，促进教育的持续发展。

第三，随着私立学校的兴起、外国教育机构的参与、企业与行业培训活动的发展、远程教育的壮大等，教育方式和学校形态及功能发生了很大变化，多样性特征更加明显。因此，在保证国家教育基本要求的基础上，应该在具体的培养目标上有所区别，体现不同地方、不同学校的特色，这也是特色学校建设的重要内容。

（二）课程实施多样化

只有多样化的教学方法，才能培养学生的综合素质和能力。不同类型的课程功能也不同，活动课程具有区别于分科课程的目标及分科课程所不具备的功能；反之，分科课程也具有自身的特点和作用，这是综合课程不具备的。所以，不同的课程在功能方面可以实现互补。

促进学生综合素质全面发展，需要依靠多样化的课程。所以，为了使学生具备多方面的素质，在课程实施方面要追求多样化。我国教学设计的变化主要表现在以下几方面：第一，原本注重微观教学设计，而现在更注重学习环境的设计；第二，教学活动设计方面不再关注理念，而是注重活动本身；第三，注重知识的整体传授，体现综合性；第四，学生的学习由被动变成主动，从个人的学习转向团队合作学习；第五，关注不同个体的特点，不再只是让学生记住知识，而是关注更高层次的学习。这些转变仍然需要立足于优良的课程传统，在继承的基础上加以创新。无论何种类型的课程，每一种都发挥着自身的功能和价值，课程实践要面面俱到，根据课程目标的相关要求加以筛选。

近年来，比较流行的合作探究的学习模式也可以应用到课程实践中，在课程实施方面不仅要保留优良的课程传统，还应该采用一些新的方式双管齐下，使课程实施取得最佳效果。

（三）课程评价多样化

第一，评价主体的多样化。应该由传统的教师单一主体的评价，转变为教师与学生、校长、家长、社会人士等共同参与的评价。

第二，由终结性的结果评价，转变为形成性的、诊断性的与终结性的评价共同发挥作用，特别重视过程性评价，以促进学生的全面发展。

第三，由单一的量化评价转变为质性评价与量化评价相结合，由侧重甄别与选拔功能转变为侧重学生发展功能。

第四，由对学生知识记忆、能力形成的评价转变为既评价学生的知识、能力，又评价学生的态度、情感、价值观，特别要注意对学生创新能力与实践能力的评价，以评价促进学生的发展，促进素质教育的落实。

评价具有导向作用，只有在评价环节体现出对创造性的关注，才能促进学生创造性的发展。如果创造性不能进入评价体系，那么创造性的培养就必然是可有可无的，学生创造性的培养就难以落到实处。只有将这些素质都引入评价体系，才能促进学生的全面发展以实现素质教育提出的各项要求。近年来，很多教师采用的档案袋评价、苏格拉底研讨式评价等都是可以采用的好方法。总而言之，要对学生各个方面进行有效的全程评价，多样化就是一种必然选择。

第三章 信息化视域下基础教育课程的现代化构建

第一节 基础教育课程改革中的效率与公平

一、基础教育课程改革中的效率

"效率"一词用在基础教育课程改革中，可以有两种理解方式：一是指基础教育课程改革本身的效率，所讨论的问题是如何更快、更好地完成课程改革的各项任务；二是此处所指的效率，即"基础教育课程在人才培养上的效率，即基础教育课程的效率"①。基础教育课程作为一种发展资源，其直接作用是促进学生的发展，但学生的发展在不同的主体看来具有不同的规格要求，不同的课程对学生发展之于某主体的有效性有所不同。基础教育课程改革就是要通过改革基础教育课程，使基础教育课程更加有效地为某主体培养具有特定素质的人才。因此，基

---

① 龙安邦. 基础教育课程改革中的效率与公平［D］. 重庆：西南大学，2013.

础教育课程改革中效率的另一种含义就是基础教育课程改革所形成的基础教育课程对满足某主体需要的人才的培养速度与培养质量。

更快、更好是效率的一种通俗表达，基础教育课程改革中的效率也可以表述为更快、更好地培养符合某主体需要的人才。更快即使基础教育课程以更短的时间和更少的资源投入实现合格人才的培养；更好即在相同的时间内和相同的资源投入下实现更加优质的人才产出。

基础教育课程具有三个主要意义上的主体，分别为个体、社会和国家。提高基础教育课程改革的效率指的就是提高基础教育课程对这三者的效率意义，使基础教育课程能够更好地为这三者的发展服务。因此，基础教育课程改革的效率可以分为个体效率、社会效率和国家效率三种。基础教育课程改革的个体效率指的是在基础教育改革中，基础教育课程以个体需求为基础所发挥的促进学生发展作用的有效性；基础教育课程改革的社会效率指的是基础教育课程所发挥的促进社会发展作用的有效性；基础教育课程改革的国家效率指的是基础教育课程所发挥的促进国家发展作用的有效性。

个体、社会和国家三个主体对基础教育课程内容和结构方面的需求存在一定的一致性，但同时自身也具有特殊的规定性，因而在需求上也存在着诸多差异。对于个体具有较高效率意义的基础教育课程，其对社会和国家的效率意义不一定高，反之

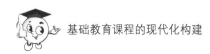

也是如此。因此，看待基础教育课程改革的效率意义要从不同的主体出发并区别对待，不能使用同一个标准。事实上，也正是因为基础教育课程改革对三者效率意义的不同，才使得基础教育课程改革产生了不少矛盾。

基础教育课程能够促进个体、社会和国家的发展，对三者在政治、经济、文化和伦理上都具有重要的效率意义，因此，基础教育课程的效率还可以据此分为政治效率、经济效率、文化效率和伦理效率等。首先，基础教育课程的政治效率指的是基础教育课程在个体政治素质养成及社会和国家政治发展方面的作用。基础教育课程通过传授政治知识，帮助人形成正确的政治观念、保持正确的政治态度、提高个体的政治素质，这极大地促进了社会和国家的政治发展。其次，基础教育课程的经济效率指的是基础教育课程促进个人、社会和国家经济发展的作用。基础教育课程通过向人们传授知识来提升人的综合能力，从而促使个体、社会和国家经济的全面发展。再次，基础教育课程的文化效率指的是基础教育课程对个人、社会和国家的文化水平提升所产生的作用。基础教育课程的学习过程实际上就是文化学习的过程，通过基础教育课程使人们的文化水平能够得到普遍提升。最后，基础教育课程的伦理效率指的是基础教育课程更好地协调个体、社会和国家在人与人的关系上所发挥的作用。基础教育课程的一项重要功能就是能够明人伦，从其本质意义来看就是能够使人更好地成为人。

通常情况下，所有的基础教育课程都具备政治、经济、文化和伦理方面的效率意义。但不同的课程侧重不同的效率意义，有的课程主要表现出经济效率意义，而有的课程又重点体现政治效率或文化效率。因此，在分析基础教育课程的效率意义时，应以该课程的性质为依据展开具体分析。

二、基础教育课程改革中的公平

在基础教育课程改革中，"公平"一词大致有两种用法：其一，在各改革主体之间的权利关系上使用，指的是改革主体之间的公平；其二，在学校课程和课程受益者之间形成的利益关系上使用，指的是基础教育课程改革中的课程公平。

通常来说，谈到人和人之间的利益关系的公平，往往指的是资源分配方面的公平。但是，基础教育课程与一般的资源不同，不是可以用数量来计算的物品，更不是可以简单切割分配的事物，需要以一种统一的形态呈现在学生面前。可以说基础教育课程的公平就是学生所获得的课程利益的平等，因此公平性主要是通过在基础教育课程影响下学生的发展来体现，可以将基础教育课程的公平看作学生发展的对比关系。学生所获得的课程利益是有差别的，此差别由学生发展的差别来体现，具体表现为学生在学习中出现的分化现象。每一个学生个体在性格、能力等方面有很大的差别，因此不可能完全不出现分化的情况，但只要这种分化不是等级

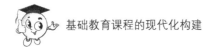

或序差上的，基本就可以说学生获得了平等的课程利益，也就是基础教育课程是公平的。

　　基础教育课程公平包括个体公平和社会公平两方面。个体公平主要指学生个体之间的公平关系。对于学校的课程来说，学生是最直接的接受者，因此基础教育课程的利益关系最先体现在学生之间。基础教育课程的个体公平指的是在基础教育课程中，所有的学生都能够获得平等的课程利益，学生之间的分化不是等级或序差上的。与个体公平的直接形成不同，社会公平的形成是间接的，它指的是各社会群体在基础教育课程中获得平等的课程利益，避免因基础教育课程而产生不公平的社会关系。基础教育课程的重要作用是培养人才，而人才是为社会服务的，因此基础教育课程既有促进个体发展的作用，也有促进社会发展的作用。在基础教育课程中，不同的社会群体所获得的课程利益不同，社会群体所获得的课程利益使其在社会关系中自然形成一种公平关系，也就是说基础教育课程对社会公平具有影响作用。

　　基础教育课程的社会公平在个体公平的基础上发展。社会群体由多个个体组成，社会群体的公平是个体获得的公平关系的群体表现。因此，从本质上来看，基础教育课程的个体公平与社会公平是统一的。如果所有的学生个体都能够在基础教育课程中实现个体公平，那么也就说明基础教育课程的社会公平已经实现；而如果学生个体在基础教育课程中未能实现个体公平，那么基础教育课程就会产生严重的社会公平问题。

公平有很多种类型，比如经济公平、文化公平、伦理公平等，基础教育课程同样包含着这些公平关系。首先，基础教育课程能够帮助人提升自身的经济素质与能力，因此在所获得的经济意义的利益上，人们之间的对比关系就能够充分反映出基础教育课程的经济公平关系。从这点来看，基础教育课程的经济公平指的就是在基础教育课程中，学生或社会群体能够获得平等的经济利益。其次，基础教育课程是文化资源的一种，它能够帮助所有个体和社会群体成员平等地获取文化利益。从这点来看，基础教育课程的文化公平指的就是平等对待各群体的文化传统，使个体与群体能够获得平等的文化地位。最后，基础教育课程是培养人的过程，它能够使每一个人的基本权利得到平等的尊重，而不产生地位的分化。从这点来看，基础教育课程的伦理公平指的就是学生在基础教育课程中形成平等的伦理关系。

一般情况下，基础教育课程一方面能够实现经济、文化和伦理的效率，同时还包含着上述几种公平关系。在基础教育课程中，几种公平关系是相互结合的，其中伦理公平是前提，文化公平是核心，经济公平是两翼，几方面紧密结合、相互作用，共同实现基础教育课程的公平。

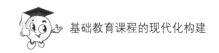

第二节 基础教育课程现代化建构的策略探究

"治理"一词起初基本等同于"统治"。治理的基本含义是指在一个既定的范围内运用权威维持秩序，满足公众的需要。治理是一个持续性的过程，是多元主体共同参与公共事务时采用方式的总和。"教育治理"是指国家机关、社会组织、利益群体和公民个体通过一定的制度安排进行合作互动，共同管理教育公共事务的过程。基础教育治理现代化是指"以政府主导的多元治理主体在先进的基础教育治理理念指导下，借助科学的治理手段，使教育理念、内容、方法等逐步提高到现代化发展水平，推动基础教育改革与发展的过程"[①]。

一、基础教育课程现代化建构的主体与必要性

（一）基础教育课程现代化建构的主体

基础教育治理主体是多元的，主要包括政府、学校、社会组织和公众等。首先，政府在多元共治的体制中扮演"元治理"的角色，被视为"平等中的首席"，发挥核心主导作用。它在基础教育治理中的主导作用体现在有效协调多元教育治理主体之间的关系上，制定和改革教育治理体制，包括综合评价指标体

① 郝凤. "双减"背景下基础教育治理现代化的困境与突围 [J]. 现代基础教育研究，2021，44（4）：110.

系、高质量课后服务体系和现代基础教育治理体系等，从而形成多元有效的中国特色社会主义协同治理的局面。其次，学校是基础教育治理活动的重要阵地和载体，基础教育的教育治理成效如何直接涉及广大教师、学生和家长的切身利益，基础教育治理的好坏直接影响到学校效能的发挥和教育目的的实现。再次，社会组织是指不以营利为目的、不为政府所属，主要开展公益性社会服务活动的组织。最后，只有公众积极地参与进来，才能更好地表达诉求、促进沟通，才能维护自身利益与公共利益，推动基础教育治理问题的解决，促进基础教育治理更加民主化、科学化。

（二）基础教育课程现代化建构的必要性

教育是民族振兴和社会进步的基石，基础教育治理现代化事关人民群众的根本利益、人才培养质量及社会主义现代化建设事业，这就要求优先发展基础教育，合理配置基础教育资源，促进基础教育公平发展；全面深化基础教育领域的综合改革，完善基础教育体制机制；加强教育治理主体和客体之间的和谐互动，有效提升基础教育治理现代化水平。例如，"双减"政策出台是建设高质量基础教育治理体系的题中之义和价值所在，全面扎实地推动"双减"落地落实，是加快基础教育高质量发展的当务之急和首要任务。

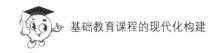
二、基础教育课程现代化建构的路径

"双减"背景下需构建三大体系，强化助推"双减"政策落地和基础教育治理现代化目标的实现，纠正理解偏颇，突出育人导向，奋力向构建高质量教育体系的目标迈进。下面以"双减"背景下的基础教育为例，分析基础教育课程现代化建构的路径。

（一）建立综合评价指标体系

当前加快推进教育治理现代化是国家的工作重心之一，也是我国教育改革发展到现阶段的关键问题，这就需要我们不断地更新执政理念，将"双减"工作成效纳入基础教育质量评价和执政绩效评价，建立综合评价指标体系。综合评价指标体系主要侧重于对校内和校外教育治理效果的评价，其构成要素包括以下四方面：一是学校教育治理规划，二是学校教育治理结构，三是校内外教育治理技术，四是治理经验是否可复制、可推广。

随着现代化进程的加速，教育更加注重个体发展和核心素养的培养，德、智、体、美、劳五育并举逐渐替代单一化的教育评价体系。教育治理更加注重评价的"过程性"而非"结果性"。教育管理部门在设计评价指标体系时，应把握新时代教育治理现代化的总体趋势，遵循不同教育的基本特征和要求，并且结合学生的成长规律和教书育人规律来选择关键环节、突出核心指标，充分发挥政策的导向和激励作用。

建立综合评价指标体系的设计过程性评价指标，主要遵循以下三大基本原则：①整体性原则。"双减"政策的落地既要评估现有的教育资源是否符合教育现代化要求，更要引导学校通过制定长期发展规划、建设教师队伍、建设学校课后课程体系、构建教育共同体等方面工作形成一整套机制。②科学性原则。综合评价指标体系的设计要遵循教育评估的客观规律，评价指标需全面、客观、准确地反映评价主体的情况，如学生课后作业和补习时长、网上学习时长等。③可操作性原则。评价指标的制定具有很强的技术性，在具体设计指标时要关注评价信息采集的可行性、评价指标的可测量等一系列问题，便于评价结果的可视化、数量化，同时需充分考虑教师的情感劳动、情感负荷等非量化指标，从而使评价结果更加具有全面性、可信性。

（二）构建高质量的课后服务体系

建设高质量的课后服务体系，教育管理部门需要做到以下几方面。

第一，在供给内容和方式上制订课后服务菜单，统筹优化课后育人活动资源供给，不断增加优质教育资源的覆盖面。利用课后服务时间开展体育、美育、劳动教育、科学教育等丰富多彩的活动，扩展社会力量参与基础教育学校的课后课程建设工作，积极推进区域化大、中、小共同体建设，形成改革和发展的合力。

第二，在类型层次和规模上，丰富课后服务的课程供给，开设如书法、篆刻、国画、戏曲等课程，陶冶未成年人思想道德情操，展现中国精神，增强文化自信。

第三，稳步推进家、校、社协同育人的共同体建设。以课程来推进家庭教育指导，让学校成为智慧驿站，引导家长树立正确的育儿观。

第四，充分发挥教育中介组织的"第三种力量"。教育中介组织介于政府业务管理部门、学校和其他社会组织之间，具有非营利性和公益性。教育管理部门通过购买教育中介组织系统化的课后教育服务，从学校课后管理的具体事务中摆脱出来，委托更具有业务能力的第三方机构管理，从而提高管理效率。委托教育中介组织管理学校课后服务，实现了教育服务的多样化，一方面可以充分发挥教育中介组织参与课后教育服务的积极性，培育和扶植教育中介组织的成长和完善；另一方面也为教育管理部门自身的定位转型提供良好的契机，有利于政府部门与社会组织的"共建、共治、共赢"。更重要的是，厘清政府、社会、学校的新型治理关系，突破体制机制困境，形成合理的治理架构，实现多元社会主体参与和共同治理，助力于基础教育治理的现代化。

（三）建设现代基础教育治理体系

建构现代基础教育治理体系，合理有序的治理体系必不可少。

第一，政策的科学性与专业性是政策落实的基础和前提。政府部门在把握自身管理权的同时，将办学权还给学校，将评价权还给社会。"双减"背景下，在做好基础教育管办评分离工作的同时，还要不断地完善信息技术支持，针对线上教学，运用信息技术手段进行在线数据监测、设立红线区域等来强化过程性监管，为"双减"政策的有效落实提供保障。此外，"弹性上下班制"体现了政策张力。"双减"政策引发部分教师的负面情绪，长此以往容易导致教师处于自我怀疑与自我肯定的不确定状态之中，很容易出现焦虑、易怒、心理失衡等职业倦怠感。对此，"弹性上下班制"既尊重了个体的特殊性，又彰显了政策的灵活性，在弹性与机动性相得益彰中实现政策对人的伦理关心。

第二，纵向"大、中、小一体化"注重各区域发展整体规划，采用区域大、中、小一体化管理。搭建"科研立交桥"，通过营造环境、择优资助、跟踪培养等方法去加强梯队人才的培养。充分利用各学段完备的教育资源架构，挖掘区域内优势资源和专家教授指导团队，探索各段相互衔接又螺旋上升的创新人才培养路径，逐步形成大、中、小学教育共同体的多方联动机制，凝炼一体化人才培养品牌。横向"大学区"使各区域内的各学校在软、硬件条件上达到均衡，整合各校优势资源，推动纵向贯通、横向联合、统筹拓展、师资共享等改革措施。通过教师跨校任教兼课及联合教研等形式进行轮岗交流，推动优

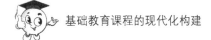

秀青年教师、中小学校长、骨干教师在大学区内合理有序地流动，实现教师资源的共享，缩小城乡间、区域间及校际教育发展的差距。同时，搭建中小学教师继续深造平台，为在职基础教育教师攻读博士学位拟定专项实施计划，提升基础教育教师理论素养，从而形成总体规模优势。

第三，基础教育治理现代化还需推动顶层设计和基层创新的有机结合。建立协同规划机制、健全跨部门统筹协调机制，建立教育发展监测评价机制和督导问责机制，统筹推进政府购买服务、补助奖励、派驻公办教师、评估考核等方式，促进基础教育优质均衡发展。从实操层面而言，以"THEIR"模型落实"双减"政策："T"指时间（Time），"双减"政策的落地需要时间的积累，学生过重的作业负担和校外培训负担、家庭教育支出和家长相应的精力负担在1年内有效减轻、3年内成效显著，人民群众教育满意度明显提升；"H"指人（Human），人是推动教育治理现代化的核心；"E"指环境（Environment），包括学习环境、育人环境等；"I"指执行（Implement），到位的执行让好的制度落地生根；"R"指制度规则（Regulation），教育治理的制度规则能够为多元主体共治提供方向和指针，化解在改革过程中一些主体所感到的迷茫、混乱和失落，使多元主体从中获得方向感、认同感和归属感。同时，可以根据各校、各区域的实际情况去积极谋求创新，强化试点先行，推出"双减"落地"一校一策""一区一案"。各校校针对不同的受众群体去整合教育资源，同时利用科技手段不断实现优质教育资源共享，使基础教育更加符合教育的规律，引导教育回归良性发展。

第三节 人工智能时代基础教育课程的现代化转型

一、人工智能时代基础教育课程现代化转型的准备

（一）找准基础教育课程的价值体现

人工智能技术具有先进性、专业性和综合性等特征，该技术能够与现代基础教育相融合就是因为其所具有的先进性特征。融合后该技术是否能够真正体现出应有的价值，主要取决于课程的价值选择和关注重点是否与人工智能技术相契合，不同的课程会有不同的价值体现，所体现的课程形式也不尽相同。如果想将人工智能技术对课程的价值体现作用发挥得更加明显，就需要事先对人工智能所起到的作用进行分析和调研。人工智能与基础教育的融合需要考虑到很多因素，既要考虑到创新性特征，又要考虑到融合后对于教师角色与作用的定位和价值选择。当前人工智能的功能和作用已经日趋强大且突破了传统道德伦理的壁垒，人工工作的作用已经渐渐被弱化，这也就产生了人工作业是否会被逐渐替代的问题，教师在今后的教学中能起到多大的作用也是值得关注的问题。在人工智能与基础教育课程相融合的背景下，就应当考虑到在新背景条件下人才输出

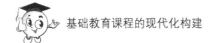

的问题、教学开展形式问题和先进技术的应用问题等。

（二）实现智能化技术对于基础课程教育的工具性

对标新课程体系，当现代信息技术与传统课程教育相结合时，原本的教育工作本身就会在信息化、智能化程度上有很大提升，具体表现是学生具体学习到的课程会更加具有丰富性和灵活性。同样的，这对传统教学形式也提出了新的挑战，要求教师的教学能力更强，从而能够满足学生日益增长的个性化学习需求，也要求教师的教学体系和教学内容更加具有创新性，使教学工作更加具有吸引力。有些新需求可以借助于现代智能技术资源来完成，比如课程的评价体系、教学的组织形式等可以通过智能技术来完成。这就是人工智能技术在基础课程教育中的具体应用，此种应用也能够打破传统教学模式的局限性。在时间和空间上的突破最突出的表现就是现在很多的在线课程教学体系都是以网络平台为基础、以现代信息技术为手段构建起来的，在相关体系的构建过程中，人工智能技术既起到了推动教学模式转变的作用，又起到了帮助教学组织形式创新、提升教学水平的作用。

（三）完善基础课程教学改革的制度体系建设

凡事都具有双面性，由于网络平台的开放性和信息技术的丰富性，智能化技术在表现出突出的先进性和创新性的同时也会非常容易促使相对的负面影响产生，这也是需要关注的事项。

这时就需要通过制度体系的建设，尽量避免产生负面影响或尽量提高智能化技术的应用质量。制度建设应当包括很多方面，比如政策的制定与更新、根据新型教育内容创建的运行制度创新、针对人工智能技术应用设计的课程制度等。总而言之，要想充分发挥智能技术的先进性特征，就要做好针对这一技术各个层面的基础性工作，让制度建设有效地落实于课程改革的各个方面，为课程改革保驾护航。

（四）做好智能技术与教学组织的客观条件准备

不管是基础教育课程的改革与进步，还是智能技术的广泛应用都离不开技术、资源等各种条件的有力支持。这种支持具体到教学融合和进步中来，大体可分为资金和资源两方面。比如，融合的过程中必然会需要应用智能技术的辅助教学设备，而这些设备的应用就离不开资金的支持；再比如，课程创新过程中要运用新颖的教学方式，而这些就离不开教师的教学组织能力和应用能力的资源支持。由此不难看出，从教师到学生、从教学设备和工具的应用到教学组织能力和模式的规划都需要充分准备和规划，这种规划要具有前瞻性和统筹性，要考虑到各个层面的需求和目标。

二、人工智能时代基础教育课程现代化转型的路径

（一）把握转型后基础教育课程的特征

基础教育课程和人工智能技术融合后，其教学工作就要有

相应的改变和升级，比如在课程体系的内容、教学形式、教学评价等方面，通过内容的变化和更新以实现课程的转变和升级。

课程的现代化升级要经过很多不同的环节，不同的特征会产生不同的变化，人工智能成为课程变化的背景后课程转变就会发生内发性特征的转变，整个基础课程教育以人工智能的普及作为转变背景，会使课程的转型发展成为自发的方向和运行状态。课程的内发性特征就是"在现代化的背景下，课程教学的转型必然会向多元化的方向发展"①。不同地区、不同社会阶层的人群，对环境的认知和自身的思想认识都会有大小不等的差异，这些差异也会导致其现代化转型的过程和层次不尽相同，而以智能化技术为背景的课程转型和升级就要关注到这些差异，对不同层次、不同类型的特征都要做全面的研究，这是课程转型工作的前提和基础。

（二）找到促进课程现代化转型的动力

除了客观条件对课程转型工作具有影响外，动力支持也是课程转型的必要条件。这里所说的动力支持具体主要表现在以下三方面：①现代信息技术和传统课程教学在应用需求方面存在的冲突；②人工智能技术与课程相结合的过程中，先进的技术与传统教学需求之间如何平衡；③整个转型工作的历史过程中课程转型作为其中一部分的特征体现。上述三方面动力是课

---

① 王琦博. 人工智能时代基础教育课程现代化转型的认识与思考［J］. 大学，2021（5）：103.

程转型的动力需求，同时也是由客观条件所决定的。

（三）确定具体实现融合的主要路径

第一，分析研究课程融合的基本框架和体系。课程融合的基本框架结构是将人工智能与现代基础教育课程有机结合的基础，基本框架的设计具有科学性，整个融合流程和融合体系才会科学和完整，二者融合的优势才会凸显出来。在具体设计的时候，应当首先根据融合的流程做好设计和规划，典型的做法就是搭建转型具体工作路线图，根据转型工作的基本框架和工作路线打造合适的教学组织与工作团队。此外，高校要根据具体的转型内容和课程特点与人工智能技术特征，组织实施具体的落实工作且有针对性、有切入点地有效执行。值得注意的是，在落实过程中既要把握相对稳定的课程体系框架结构，又要根据具体的实际工作情况灵活机动地调整，以保证落实工作得到有效执行。

第二，注重制度层面对融合过程的支持和管理。人工智能技术与现代技术课程融合有具体要求，这些具体要求主要体现在应用方法和切入点上。要想对课程进行彻底的改革，就需要有制度层面的创新；要想课程教学达到更理性、更好的效果就需要制度予以保障，这些就足以说明制度创新对课程改革的重要性。教师在具体执行课程改革时会和智能化技术相结合，如何运用智能化技术进行操作、怎样操作才是规范合理的，这些问题都需要通过制度建设的方式为具体执行者提供操作指引和

规范。在具体开展课程教学时，同样需要制度建设对教学工作做规范管理。

第三，提升教师的综合教学素质和教学水平。不管是智能化技术还是具体教学工作落实，最终的执行者都是教师，因此他们的重要性不言而喻。如果能够整体地提升教师的教学水平和技术能力，那么不管是对课程与人工智能的融合还是教师自身素质的提升都非常有好处。一方面，智能技术为现代教学工作提供巨大的技术支持和发展动力；另一方面，教师也需要通过自学和培训等方式提升对智能技术的掌握程度，让智能技术能够应用到日常教学工作中去。目前学习的方法有很多，教师可以通过学习理论知识和在日常教学中的实践应用来提升技能水平、积累经验，也可以通过彼此之间的切磋交流和沟通学习以达到互相促进、共同进步的目的，从而掌握智能技术与课程教学相融合的有效途径。

第四节 信息技术与基础教育课程的现代化整合

随着新课程改革的不断推进，基础教育阶段的基础建设进程已经逐渐加快，信息技术的应用也越发广泛，但在实际应用过程中仍然存在一些不足，制约着信息技术应用效果的提升。为此，教育者必须正确认知信息技术与基础教育课程的整合价值并不断反思现存的问题，进而实现课程教学的持续性优化。

一、信息技术与基础教育课程现代化整合的意义

目前，基础教育阶段普遍开设了信息技术课程，校园网建设基本实现了全面普及，硬件设备配置较为丰富，为信息技术与基础教育课程的有效融合奠定了坚实的基础。利用信息技术，可优化基层教育阶段课程开设模式，首先，有助于加强师生间的互动，可为学生呈现更为丰富的教育资源，能够缓解部分学校师资不足的问题；其次，能够改变传统课堂上一对一的模式，可利用网络实现多方位的互动，也可以进行学校之间的互联，能够进一步实现交互范围的拓展。另外，信息技术的应用也有助于改变传统的课堂组织模式、优化教学要素，呈现出更为丰富的知识形象；有助于加大课堂的信息量，并且可为学生课后学习提供一定的引导，同时还能缓解教育者的板书压力。由此可知，将信息技术与基础教育课程进行整合是非常有必要的，能够明显提高课堂教学的有效性。

二、信息技术与基础教育课程现代化整合的策略

（一）革新传统教育理念，合理使用信息技术

信息技术与基础教育课程的整合，需要以基础教育课程为主、信息技术为辅，不可盲目迎合新课程教育理念。教师需要在正确认知新课标实质的基础上将信息技术合理地运用于教学过程中，否则将出现把教室变成电影院的问题。在两者整合的

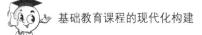

过程中，信息技术课程教师也需要认清自身的责任，应该做好配合工作，必须加强与其他基础课程教师的联合，总结出更为有效的信息技术应用形式并优化教育者设计的课件、视频等，进而更好地发挥信息技术的应用价值。

以初中物理公式推导教学为例，考虑到部分数学教师在函数的编辑上并不擅长且普遍只会一些简单操作，信息技术课程教师可利用 Excel 公式编辑器辅助编辑，同时可设定渐进式的播放方式来控制好公式推导的播放时间，给学生留下适当的思考时间。在教学的过程中，也可让课程教师适当融入公式编辑的内容，以此实现信息技术与课程的有效整合。

（二）认知课程与技术关系，保障课堂教学效果

为避免出现教育经费不足的问题，信息技术课程教师需要先综合学校的师生数量及对局域网络的使用要求，合理做好硬件设施建设的规划工作并制订具有较高应用价值的配置方案，避免出现资源浪费问题。在该过程中，信息技术课程教育者应该综合考虑各科任教师的教学需求，充分考虑其需要应用的基础，以确保所配置硬件能够满足教学要求。在硬件资源配置完毕后，也可对所配置硬件的功能进行介绍并举出应用案例，对科任教师的应用给予方向性指导。

（三）做好信息技术培训，提高教师综合素养

针对目前部分教育者对信息技术应用能力不强的问题，信

息技术课程教师必须发挥自身的协同作用，辅助各科教师做好课件、视频等优化工作。但该模式并非长久之计，信息技术课程教育者应该进一步加强与教育者的沟通与交流，了解其对信息技术的应用需求及所需要呈现的效果，并且开展统一的培训工作。

首先，在课件制作上，可统一进行培训；其次，可对图像处理软件（PS）的操作进行简单讲解，确保教育者可实现对课件图片的优化，呈现出更好的表现效果；最后，可对 CAD、Excel 软件等进行教学，让教育者学会简单的三维操作及公式运算，以提高课程教学效果。此外，也可融合爱剪辑等软件的操作教学，提高教育者的视频处理能力，以此全面提高教育者的信息技术应用能力，实现信息技术与基础课程的进一步融合。

第四章 基础教育课程质量监控机制的现代化构建

第一节 基础教育课程质量监控机制及其价值

准确把握课程质量监控机制的内涵有以下两个前提：①应准确把握管理学领域里的核心概念——"质量""监控""质量监控"等基础性概念；②要准确把握课程论领域里的核心概念——"课程""课程质量""课程质量监控"等基础性概念。在充分理解这些基础性概念的基础上，再深入探究和把握基础教育课程质量监控机制的内涵，是多元视野下的基础教育课程质量监控机制研究的基础性工作。

一、基础教育课程质量监控的相关理论

（一）质量

系统地研究"质量"的概念最早始于工商管理领域，如国际标准化组织认为"质量"是一组固有特性满足要求的程度，

并把它定义为实体满足明确或隐含需要能力的总和。教育界对质量概念的理解非常丰富，主要包括以下几方面：①通过梳理可以将质量归纳成八大类，即不可知论观、产品质量观、替代观、达成度观、内适性质量观、外适性质量观、绩效观和准备观；②从不同主体"满意度"的角度出发可以把质量分为内部质量、社会质量、工作质量和服务质量等；③就教育领域里的质量而言，它在一定程度上可以作为某种"卓越"的同义词；④其他不同的质量观，如目的与方法的适切性观、符合消费者的愿望和需求观及价值增值观等。

上面提到的质量观点从多个角度深层次地分析了质量概念的基本内涵，结合学校开展的课程活动及教学活动可以发现，"起点—过程—结果"彼此结合的视角更适合课程和教学活动开展的逻辑顺序。也就是说，质量和最初的起点状态有关联，和活动过程也存在紧密关联，结果代表的只是质量活动所获得的最终效果，它代表质量的最终状态。

具体分析可以发现，从"起点—过程—结果"彼此结合的视角分析质量概念的观点相对较多，较为丰富。举例来说，首先，有观点认为质量一直处于动态变化过程中，质量除了涉及产品服务之外，还涉及环境、具体过程及人员等因素；其次，有观点认为质量指的是与可以满足人们期待的环境、产品、服务及人员等要素有关联的动态状态，从该观点的角度理解可以发现质量除了受到静态要素，比如人、物品、财产等因素的影

响之外，还会受到动态因素的影响，如时间影响、环境影响等，质量会一直处于动态变化之中，它不会完全地稳定不变；最后，有观点认为质量代表教育利益相关者对人才培养结果的具体期待，这种观点认为质量不是以实际状态存在的物体，认为质量是和主体密切互动的动态概念。

综合来看，可以发现质量既有静态状态，也有动态状态。从理科的角度表达和概述质量概念，可以把质量理解成状态函数及过程函数，也就是说质量与初始状态和具体过程都有紧密的联系。

（二）监控

监控，顾名思义即"监"与"控"。按照传统的理解，"监"是指监察、督促；"控"是指驾驭、控制，使之不任意活动或超出范围。现代管理中的监控是指参与监控的双方或多方相互作用，使被监控者保持某种相对稳定的运动状态，以达到监控目的的一个过程。控制过程主要是从制定目标和确定业绩考核标准开始的，之后对行为过程进行检测而获得行为过程的真实信息，随后再将此信息与预期的目标和事先确定的标准进行比较，发现其中的差异并对其行为进行调整。由此可知，监控一般由三个部分组成，一是制定标准，二是检测信息，三是对行为的调控。其中，制定标准和检测信息是行为监控的基础。

（三）质量监控

质量监控是质量管理的一部分，致力于满足质量要求，为满足监测质量需求所采取的操作技术和活动。根据管理学的基本原理，质量管理的一项主要工作是通过收集数据、整理数据而找出波动的规律，把正常波动控制在最低的限度以消除系统性因素造成的异常波动，并且将实际测得的质量特性与相关标准进行比较，对出现的差异或异常现象采取相应的措施予以纠正，从而使工序处于监控状态，这一过程就称为质量监控。

西方企业在从 19 世纪到 20 世纪 40 年代的很长一段时间里普遍实行根据美国工程师泰罗的科学管理学说而建立起来的"泰罗制"，即对企业生产出的产品实行事后的质量检测，剔除质量不合格产品，但对生产产品的过程没有进行质量监控而导致废品较多，生产成本与检测成本也居高不下。随后的全面质量管理（TQM）理论与泰罗制不同，这种理论在企业界得到广泛的实践应用，重点强调全员参与、全程监控与全面管理。此后，人们认识到质量不仅表现为最终的产品，也与生产过程的监控有关，即除了关注产品质量本身以外，还要关注工作质量与服务质量等过程性要素。实际上，在教育领域里引入全面质量管理理念并尝试实施全面质量管理起源于美国的社区学院和英国的教育进修学院。理解质量监控的概念，也必须准确理解质量保证、质量体系和质量管理等相关概念，在此基础上还要明确它们之间的相互关系。

第一，质量保证。通常情况下做出质量保证是为了获取对方的信任，让对方放心实体一定能够达到质量要求。质量保证

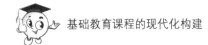

代表的是没有缺陷。质量保证涉及两个过程，一个是事前，另一个是事中。质量保证活动的开展需要特别关注一个方面，那就是在最初就要做缺陷预防，避免缺陷的出现。质量保证可以被划分成两种形式，一种是内部质量保证，顾名思义指的是为组织内部中的管理者提供充分信任；另一种是外部质量保证，指的是向组织外部的顾客或第三方提供充分信任，对于质量保证来讲，最重要的一点在于信任的供给和提供。

第二，质量体系。质量体系涉及质量管理程序、质量管理组织机构、质量管理职责、质量管理过程和质量管理资源等内容。在确定质量体系的具体内容时，需要以质量目标需求的满足为基本标准。对于组织质量体系来讲，它的建立更多的是让组织内部提出的管理需要得到有效满足，相比之下内部需要比顾客需要多得多。顾客在一般情况下只会评价质量体系的一部分内容，但是组织内部为了保证组织职能的正常行使，必须确定明确的职责关系、权限关系。所以，对于组织质量体系来讲，组织内部的明显更多，组织质量体系需要做出清晰的书面规定。

第三，质量管理。质量管理顾名思义指的是对有关质量的活动进行管理控制。质量管理涉及质量管理方针的制定、目标的确定、质量控制、质量策划、质量改进及质量保证等方面。质量管理最重要的职责是明确质量目标、清晰划分岗位职责、清晰确定岗位权限，并且在此基础上搭建质量体系，保证质量体系的稳定运行。

质量管理属于上位概念，它涉及的内容比较多，覆盖范围比较大。对于质量管理来讲，最重要的内容是质量体系，只有构建了质量体系，质量管理职能才能充分发挥。举例来说，质量保证就涉及内部认证、组织框架图、过程监控、评价者和当事人的交流沟通等内容，这些方面都需要展开质量管理。质量体系涉及的内容有"内部质量保证"及"质量形成整个过程的监控"这两个内容，这和外部质量监控、外部质量保证之间存在一定的联系。

（四）课程质量

对课程的各种定义概括起来大致分为以下六种类型：①"学科"说。《辞海》（教育、心理分册）认为课程即教学的科目，可以指一个教学科目，也可以指学校的或者一个专业的全部教学科目，或者指一组教学科目。②"教学内容"说。《中国大百科全书·教育卷》指出，课程是课业及其进程。③"总和"说。课程可以理解为为了实现各级学校的教育目标而规定的教学科目及其目的、内容、范围、分量和进程的总和。④"教育内容"说。《教育大辞典》认为课程是为实现学校教育目标而选择的教育内容的总和。⑤"经验"说。课程是在学校的指导下，学习者所经历的全部经验。⑥"计划"说。这种类型可以将课程定义为指导学生获得全部教育性经验（含种族经验和个体经验）的计划。

综合来看，应该从教育的角度出发去看待课程，课程的设

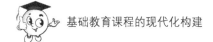

计需要考虑到学校的培养目标，然后在该目标的指引下确定具体的学习内容、学习目标、学习活动。课程的组织结构比较丰富，课程可以发挥育人计划性能及信息载体性能，是学校开展教育教学活动时可以使用的育人方案，学校开展的教育活动离不开课程的支持。

这里提到的课程概念包括课程研制、实施及管理三方面。所以从这个角度来看，课程概念指的是师生在学校开展的所有与教学有关的内容。也就是说，课程除了涉及日常课程计划、教材及课程制定标准等静态载体之外，还涉及课程开发、设置、实施、评价等动态环节。

在从过程与结果的角度对质量概念做基本分析、从静态和动态的角度对课程概念展开内涵分析之后，可以发现课程质量指的是借助课程设置、课程实施及课程评价等方式让设计者设定的预期目标能够得到有效实现，并且可以让社会对教学的期望得到有效满足的学校教学进程状态。

（五）课程质量监控

关于课程质量监控有如下理解。

第一，课程质量监控偏重对课程运作及与课程有关的人、财、物等方面的决策、监督、调节、创新，较多地考虑课程运行中的人文、价值和发展动力因素。课程质量监控不是在"控制"别人，而是在"引导"别人做出高层次的判断与"自我管理"，激励相关人员采用持续成长的生活方式。例如，课程质量监控包括五个元素，即订立愿景、管理课程与教学、监督教学、监控学生的学习进度、提高教学的品质。

第二，从课程运作的整体视角出发。人们认为课程质量监控就是通过课程督导、课程评价等手段，对课程运作的基本环节如课程决策、课程设计、课程实施、课程评价等进行监督、调控，进而及时反馈问题，力争建立一种良性互动的运作系统，以期可持续地提升课程质量，减少课程运行实际值与期望值之间的差异，使课程朝着既定方向顺利运行，不断改善课程实践。

借用中世纪的"航海术"来说明课程监控的具体过程。"航海术"认为船的驾驶与操纵包括五个环节，即目标环节、反馈环节、调节环节、执行环节、掌舵环节，课程领域的"航海术"亦是如此。①确定课程的方向与目标，这是决策环节；②对课程运作过程中的各个环节——课程决策、课程设计、课程实施、课程评价进行观察和监视，这是监督环节；③监控人员将课程的运行现状与课程的既定目标进行比较，制订一个缩小两者差距的行动方案，这是调整环节；④学校、家庭等方面采取相应的措施来配合调整方案，这是调控环节；⑤课程执行人员根据课程调整方案对课程做出适度的调整，这是实施环节。毫无疑问，环节二集中体现了"监"，环节三则体现了"控"。

第三，课程质量监控。课程质量监控需要管理监督与课程质量有关的所有方面，比如需要控制和监督课程编制、实施、评价及管理等内容。课程编制方面的监控指的是遵循课程开发

的基本理念、教育理念对课程编排顺序展开管理和监督；课程实施方面的监控指的是监督、控制、管理课程实施的取向、课程实施模式、实施条件、实施过程及实施效果，在监控的过程中需要有效处理课程实施的具体问题；课程评价方面的监控指的是管理和监督与课程评价过程、课程评价结果有关的内容；课程管理方面的监控指的是监督和控制与课程管理模式、管理方法有关的内容。

综合来看，在全面分析了与质量课程有关的概念之后，可以从控制和评价角度、过程和结果角度清晰地对课程质量监控下定义：课程质量监控指的是负责课程监控工作的主体按照课程质量保证目标的要求，遵循先进科学教育理念、教育思想的指导建立质量体系，并且依托质量体系而开展的与课程设置实施评价等活动有关的监控活动、评价活动。课程质量监控是专门组织和管理课程实践活动，关注的是课程的整个过程，会针对多个环节展开监督和指导。在监督和指导的过程中一旦发现问题，质量体系会及时做出反应，这样问题可以得到及时有效的解决，系统也可以保持良性的运行状态。借助课程质量监控，课程质量可以稳定地提升，课程实际值和课程期待值之间的差距会越来越小，课程的实际发展会符合课程所设置的预定发展方向。

（六）课程质量监控机制

"机制"一词来源于希腊文，原意是指机器在运转过程中各个零部件之间相互联系、相互作用的关系及其连环互动的表现形式，现泛指一个工作系统的组成部分之间相互作用的过程和方式。此处的机制是指课程质量监控中运作的机制或方式。课程质量监控机制，即"通过课程督导、课程评价等手段，对课程系统的运作或课程系统的变革进行监督、调控、指导、评价、问责，减少课程运行实际值和期望值之间的差度，以持续提升课程质量，使课程系统和课程变革朝着预定方向运行的一种规范化、制度化的方式及原理"①。就其具体内容或者指向而言，至少应包括三方面，即课程质量监控的主体（可以是政府，更应该是政府赋权而又独立于政府的一个"国家事业监控机构"）、课程质量监控的对象（包括课程决策、课程设计、课程实施、课程评价）、课程质量监控的途径及方式方法（如课程督导、课程反馈等）。总而言之，课程质量监控机制主要是一种课程实践活动的质量保证系统。

第一，课程实践活动的质量保证系统需要确立课程质量监控目标。课程质量监控目标是指课程质量监控活动所要实现的目标，即课程质量监控主体为达到探索课程规律、变革课程实践、改善课程质量的目的而确定的课程质量监控的预期结果。这种预期结果可能包括以下三方面：①正在实施的某个课程文件，如课程计划、课程序列、课程标准、课程内容的完整性、

---

① 曹俊军，王华女. 我国基础教育课程质量监控机制研究［M］. 武汉：华中科技大学出版社，2017.

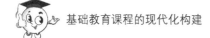

内部一致性及这个课程文件所代表的课程的深度和广度；②课程对哪些有效；③课程中所计划的东西是否已经实现，或者在多大程度上实现，以及由哪些学生实现等。

预期结果可能会涉及以下内容，即课程的可实施性、课程实施的有效性、课程实施之后能够带来的教育价值、课程的优良性、课程的适切性、课程实施之后学生对技能的掌握程度、教师对课程标准的认可程度和接纳程度。除此之外，预期结果中可能还会涉及课程效果评价、课程效果和预期效果之间的匹配程度、对课程不足之处的改进等内容。

综合来看，虽然课程质量监控有很多聚焦点、很多目标，但是课程质量监控最重要和最本质的目标是完成课程实践的改进、推动课程的更好发展、实现课程质量的提升。

第二，课程质量监控主体应该清晰地确定下来。课程质量监控过程中需要由课程质量监控主体负责各项活动的管理，也就是说课程质量监控主体是开展课程质量监控工作的参与者及管理者。这里的管理者包括各个课程质量监控部门的管理人员及与课程质量监控有关的委员会中的成员。管理者是决策课程质量监控的人，他们需要正确判断课程质量监控状况，做出适合的、科学的决策。与此同时，管理者也是组织课程质量监控活动的组织者、监督者，还是各项活动的协调者，他们需要按照课程质量监控方案组织、协调、处理人力资源、财力资源、物力资源。课程实践活动质量保障系统应该专门设置组织机构且明确组织机构的规章制度，在内部建立起工作体系，这样课程质量监控系统才能按照规章制度的要求稳定、有序地持续运行。也只有这样，课程质量监控的预期目标才能够实现。除此之外，课程质量监控主体需要负责课程质量监控具体情况的评价，需要在平时积极努力地监督检查课程质量监控的实施状况，最终根据监控得到的具体数据、具体信息来评价课程质量的监控结果是否符合预期目标，判断课程质量监控结果和预期目标之间的吻合程度。

第三，课程质量监控的客体应该清晰地确定下来。课程质量监控的客体指的是课程质量监控对象。具体来讲，监控对象应该包括以下内容：首先，课程活动涉及的重要环节。课程实施过程中必然会经历课程决策环节、设计环节、实施环节及评价环节，这些重要环节应该是课程质量监控的对象。其次，课程质量的重要影响因素。课程质量会受到课程开发、研究、资源、管理等因素的影响，这些因素对课程质量的影响不是直接的，可能是间接的，也可能是潜移默化的，所以这些影响因素也需要重点监控管理。

从系统理论角度分析，课程决策、课程设计、课程评价、课程文件的编写、课程的具体实施都需要借助课程系统的宏观调控、整体组织。只有在课程系统对人力资源、物力资源、课程信息等要素进行整体决策之后，各个要素才能发挥最大的作用，也只有在这样的情况下，课程预期目标才能够实现。所以，

课程质量监控需要把人、事物、时间、财力资源、信息及课程系统等要素当成监控的对象进行监督和管理。

任何监控机制都是一个特定的管理系统，它是一个由若干相互联系、相互作用的部分或要素为了某一共同的管理目标而结合成的具有特定功能的有机整体。就"课程质量监控机制"这个特定系统的内部而言，它包含若干成分（如监控主体、监控对象、监控目标）和若干要素（如人、财、物、事、时间、信息等），这些成分和要素之间相互联系、相互作用。

课程质量监控概念和思想的引入及课程质量监控机制的确立与完善有助于人们把学生及其家长视为顾客或消费者，从满足顾客需要与提供服务的视角来看待学校课程系统及学校的工作，从而形成服务学生、服务一线教学的服务链，积极建立一套完整的课程质量体系，通过质量监控和质量保证来提高课程质量管理的整体水平，以持续提高课程质量。

二、基础教育课程质量监控的主要作用

课程质量监控机制是课程质量管理的一个重要"软件"，是课程质量管理体系的重要组成部分。认识和把握基础教育课程质量监控机制的性质，不仅有利于准确地理解基础教育课程质量监控机制的内涵，而且有利于深刻地领会基础教育课程质量监控机制的价值和地位，从而更好地完善基础教育课程质量监控体系。

（一）基础教育课程质量监控机制的保障作用

基础教育课程质量监控机制有效地保证了基础教育课程的质量。教育与一个国家的人民素质有直接关联，中国想要从人口大国变成人力资源强国就必须注重教育，必须提升教育质量，尤其是基础教育。基础教育代表了一个国家教育的生命底线，并且是国民教育体系的基础，基础教育质量必须得到有效保障。所以，必须建立基础教育课程质量监控机制，通过机制作用的发挥来保证基础教育课程质量。需要明确一点，基础教育课程质量监控机制最重要的作用是为基础教育课程质量提供保证，它的建设本身并不是重点，它的本质目标始终都是保证质量、提升质量。基础教育课程的质量监控机制应该包括三部分，分别是机构设置、实施程序及制度安排。但是，无论是设置机构还是设置制度，本质都是为了可以更好地开展课程质量监控工作。开展课程质量监控并不是单纯地给出基础教育课程质量评价的权威性报告，最重要的目的是为后续基础教育课程实践的完善、优化、改良提供基本的依据，提供一些对策支持。这样，基础教育质量才能有针对性地提高，基础教育课程的质量才能得到有效保障，这一点是基础教育课程质量监控机制优化和完善的最本质目的。

分析课程质量监控机制，可以发现它具备形成性功能。它可以辅助教师针对性地改善课程行为，可以辅助学生开展有效学习，也可以辅助教育行政部门做出科学的教育决策。一个优

秀的、设置科学合理的课程质量监控机制可以在课程评价、教育教学等方面发挥引领作用，可以带动整个教学质量的提升，可以为基础教育事业的稳定持续发展提供保障。基础教育课程质量监控机制能够将基础教育课程质量的相关信息、相关数据反馈给教育行政部门，教育行政部门可以通过基础教育课程质量监控了解课程运作过程中的重要内容、细节内容，并且掌握学生的具体情况，比如，了解学生的知识储备情况、技能学习情况、情感变化情况、价值观塑造情况等。通过各种各样的数据，教育行政部门可以发现国家各个地区及学校在课程管理时有哪些优秀做法，有哪些不足之处，进而可以对基础教育课程质量做出全面、正确且公平的评价。课程管理部门也能够根据反馈信息了解到动态形式化的基础教育课程质量变化情况，进而针对性地制定适合的课程发展规划，有效地调节课程运行。

除此之外，基础教育课程质量监控机制还可以为教师、家长及学生本人提供课程质量信息，通过这些信息数据，教师、家长及学生可以了解到目前的课程学习质量状况。与此同时，教师、家长、学生还可以做横向和纵向的对比，分析学生的学习质量受到哪些因素的影响，进而为后续课程的优化和改进提出针对性的指导意见。有了信息和数据的支持，课程优化、教学改进必将更有针对性、更加专业。

（二）基础教育课程质量监控机制的表现作用

基础教育课程质量监控机制在发达国家较为成熟，是国家对基础教育责任担当的突出体现。对基础教育课程质量进行监控是许多国家通行的做法，而且已上升为当前主要国家的政府行为。例如，美国教育部国家教育统计中心就设置了国家教育进展评估（NAEP），以评价四年级、八年级、十二年级学生在数学、阅读、写作、科学等课程领域的学业成就和学习能力，据此来分析与描述学生的学习情况。在英国，国家关注学校的课程，对基础教育的课程实施和效果进行全面的质量监控。其成立的教育标准办公室是旨在对全国的公立学校实施督导检查而建立起来的一个独立于行政体系之外的全国督导体系，其目标是通过定期督导、公开报告、提出建议来提高工作水平和教育质量，简言之就是通过督查改进工作。在教育标准办公室之后，还成立了资格与课程委员会（QCA），负责制定国家课程和各种教育证书标准，组织统一的教学水平检测。由资格与课程委员会组织的统考有两类，第一类是教育证书考试，资格与课程委员会只负责制定考试标准，然后委托专业中介机构实施；第二类统考放在课程实施过程中，主要在义务教育阶段，由资格与课程委员会策划兼实施，目的在于检查学校的教学质量，检查国家课程的实施情况。

在国家越来越重视基础教育的情况下，中国的基础教育课程质量监控机制从无到有，越来越完善。国家强调基础教育保障不能仅仅关注数量的增多、规模的扩大，也要关注质量的提升；不能仅仅关注投入方面的保障，也要关注产出方面的保障。

教育的生命线是教育质量，在新时代进行教育改革是国家把教育质量的提升当作改革的核心任务。国家指出教育发展必须树立科学的质量观念，在扩大规模的时候也必须注重质量的提升，教育发展必须注重内涵。当今社会，人民越来越关注教育的发展、越来越期待优质教育，所以教育发展注重质量能够满足人民提出的发展要求。

目前，很多教育研究者、政策制定者都发现教育的发展不能只关注教育数量，不能完全把数量当作教育发展的焦点，所以最近几年我国及世界上的其他国家都开始强调教育质量的提升。在意识观念发生转变之后，教育不再过于强调投入，而开始关注教育产出、教育结果，对教育产出方面的管控监督最本质的目的就是保证教育质量。要让基础教育质量得到充分保障，那么国家需要从很多方面入手进行机制建设、体系建设。在基础教育课程质量监控方面，国家需要先建立监控机制，在此基础上对各个教育阶段学生的学习全过程进行质量监测。国家建立基础教育课程质量监控机制是履行教育责任的具体体现，目前，政府建设强调建设责任型政府、服务型政府，所以当下国家和政府应该体现出更加强烈的责任意识、服务意识。

（三）基础教育课程质量监控机制的支撑作用

基础教育课程质量监控机制是国家基础教育质量监控的重要组成部分和有力支撑。教育质量监控就是在不同层面，以教育质量标准为参照，开展对教育投入、教育过程和学生的学业能力综合考查的质量监控活动，并对监控结果进行追踪。近年来，实践层面对教育质量监控愈加重视，各地纷纷建立教育质量监控中心，教育质量监控活动不断开展。教育部的基础教育质量监测中心进行质量监测的结果得到了各个方面的认可，并即将开展全国范围的监测。

从国内外的经验来看，国际组织和各国在进行教育质量的评估和监测时，一般是对某国关键年龄段学生学习的若干主要课程在一定时间间隔内进行抽样测试，及时发现可能存在的质量问题，以便改进教育行为，从而提高教育质量。国际上比较典型的国际学生评估项目（PISA）、国际数学与科学趋势研究（TIMSS）和美国教育进展评估等教育质量评估和监测项目无一例外地采取了用课程质量来映射教育质量的模式或方法。就此而言，基础教育课程质量监控机制是国家基础教育质量监控的重要组成部分和有力支撑，这是因为课程本质上就是一种实践状态的教育活动，也是一种教育进程。而且课程作为一个系统，它既是教育系统的组成要素之一的教育子系统，也是教育系统的具体化表征，更是浓缩和包含了教育的全因素、全方位和全层次的特殊子系统。

基础教育课程质量监控工作的开展是基础教育质量有所提升、基础教育稳定快速发展的前提和基础。在监控管理的时候，学校的课程质量也会有所提升。在具体开展基础教育课程质量监控工作的过程中，工作者应该注重课程理念的宣传、课程观

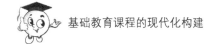
念的传播，要培养教育工作者的课程质量监控意识。在对基础教育质量进行评价时，需要依托基础教育课程质量监控的结果作为评价基础、评价前提。举例来说，在评价基础教育质量的时候，需要判断国家制定的课程标准是否在实践中得到了精准落实，需要判断学生的发展是否全面、学生的发展是否承担了过大的压力，也需要判断课程进度是否科学合理。实行课程质量监控可以获取大量数据，通过对这些数据的分析研究，就可以做出正确和有效的判断，也只有把这些数据当作基础和依托，才能准确衡量基础教育的质量。

三、基础教育课程质量监控的类型划分

优秀的课程系统肯定具有平衡特征，目前课程管理所追求的一个重要目标就是实现课程系统的平衡，想要实现平衡就需要依托机制。课程质量监控机制就是在这样的情况下被创造出来的，所以对于课程系统甚至对于教育系统来讲，课程质量监控机制非常重要，它具有独特的价值。

基础教育课程质量监控机制可以按照标准进行类别划分，划分类别有助于人们对基础教育课程质量监控机制的作用、意义、性质有更深层次的理解，也有助于人们因地制宜地选择最适合的课程质量监控机制类型。

课程质量监控有多种表现形式，从监控主体来看，有国家监控、地方监控和学校监控；从监控对象来看，可分为对教师

"教"的监控和对学生"学"的监控；从拥有的法定权力来看，可分为官方渠道及专业考试机构的监控和服务性的专业中介机构的监控；从监控性质来看，可分为量化监控和质性监控。总而言之，课程质量监控机制可以从不同的角度、按不同的方式划分出不同的类型，一般而言主张如下划分。

（一）依据课程质量监控的主体进行划分

依据课程质量监控的主体进行划分，课程质量监控机制可分为国家层面的课程质量监控机制、省（州）层面的课程质量监控机制、地方层面的课程质量监控机制和学校层面的课程质量监控机制，这也体现了与课程管理中分级管理相对应的特征。

国外的课程质量监控机制主要有三种类型，即中央行政监控型、地方分权监控型和中央地方并重型。课程质量监控机制呈现中央行政监控特色的国家主要有新西兰、马来西亚、韩国等，课程质量监控机制呈现地方分权监控特色的国家主要有美国、德国、澳大利亚、印度等，课程质量监控机制呈现中央地方并重特色的国家主要有英国、印度尼西亚、泰国等。

其中，美国使用的课程质量监控机制和美国本身的教育行政体制是完全匹配的，它们都体现出地方性特点及分权特点。美国各个州、各个地方、各个学区及各个学校都需要负责开展课程质量监控工作。所以，以课程质量监控机制层级作为标准来对美国的课程质量监控机制进行划分，可以发现主要划分成四个类型，分别是州级、县级、学区级及校级。

除此之外，还可以根据课程质量监控组织的不同对课程质量监控机制进行类型划分，具体来讲可以分成两种：第一种，校外课程质量监控机制。此种机制下，课程质量监控工作由校外的其他组织机构负责，比如可以由教育行政部门负责，也可以由社会中的其他非行政机构负责。第二种，校内课程质量监控机制。此种机制下的课程质量监控工作由学校内部的组织部门、学校内部的教师负责。举例来说，在美国的课程质量监控机制中学校的地位越来越高，学校的重要性也越来越凸显，学校已经把课程质量监控当成学校的常规性工作开展，校长也会积极地主持学校课程工作。在美国，校长除了负责本校的课程质量监控工作之外，还要和上级课程质量监控人员对接交流沟通。在校内课程质量监控机制中，除了校长积极发挥作用之外，教师也需要积极主动地发挥作用、承担责任。

我国在划分课程质量监控机制类型的时候也使用了上述思路，将监控工作划分成了外部和内部两种类型。我国根据实际情况将基础教育课程质量监控外部工作交给了政府机构负责，将基础教育课程质量监控内部工作交给了学校负责。

（二）依据课程质量监控的客体或对象进行划分

依据不同的客体或对象来划分类型，课程质量监控机制可分为课程设计的质量监控机制、课程内容编制的质量审查机制、课程实验和实施的质量监管机制等。这也体现出课程质量监控机制在课程建设系统工程中的全程监督与控制的特性。在这种大的分类思路下，还可以有更细致的划分。

按照课程质量监控机制所涉及学校的类型划分，课程质量监控机制可分为普通中小学课程质量监控机制、职业技术学校课程质量监控机制、中等专业学校课程质量监控机制、高等学校课程质量监控机制、特殊学校课程质量监控机制等。在我国，受到普遍关注并且事实上经常采用与实施的课程质量监控机制主要局限在高等教育领域，而且这种课程质量监控机制更多的是冠以教学质量监控机制或者教学质量督导机制的名义。

根据课程质量监控对象的复杂程度的差异，可以把课程质量监控机制分为两种类型：第一种，单向监控型。此种类型需要对某一个具体的基本元素进行监控，把基本元素看成监控对象。举例来说，可以把课程设计目标、内容、组织或者课程的开发、课程的实施当作监控对象。第二种，综合监控型。此种类型需要对课程系统整体展开监控，需要把课程系统当作监控对象，课程系统可以是学校的系统、地区的系统，但是无论哪一个系统，都必须是综合整体的课程。

课程质量监控有主题分别、层次分别。举例来说，在监控课程改革之类的项目时应该注重层次，在此基础上把主题作为辅助。注重层次指的是对具体地方的整体课程改革进行质量监控，把主题作为辅助指的是把重点突出的主题划分成"块板"，以此来通过该"块板"反映出整体课程质量改革情况。但是，在划分"块板"的时候，需要注意宽度，虽然宽度的设置相对自由，但是不能追求极端，不能特别宽也不能特别窄。在特别宽的情况下，"块板"的划分将过于笼统，没有任何意义；在特别窄的情况下，又没有办法通过"块板"的分析来观察整体的课程改革情况。综合来看，"块板"的划分需要结合课程改革具体对象的特征，与此同时要考虑研究机构的研究水平、研究条件、研究能力。除了上面提到的划分标准之外，课程质量监控的类型划分还体现出了以单项主题为划分标准的发展趋向。举例来说，可以把课程改革、教学质量、德育发展、体育发展等作为单向主题进行单向监控。

（三）依据课程质量监控的方式或性质进行划分

分析课程质量监控方式可以发现，以监控方式为标准可以把课程质量监控机制分成两种类型：一种是动态形式的课程质量监控机制，该监控机制会考虑到课程环境的发展变化。举例来说，对课程改革、课程实验进行监控时就需要使用动态课程质量监控机制。另一种是静态形式的课程质量监控机制，这种类型的机制需要按照制度规则的要求对课程实施情况、课程设计情况及课程效果情况展开常规监控。举例来说，课程内容基本稳定、课程设置没有较大波动的情况下，学校可以使用静态课程质量监控机制来检查课程运行情况，评价课程运行结果。

从课程质量监控性质的角度出发来划分课程质量监控机制，可以发现课程监控机制能够被划分成以下两种类型。

第一，量化监控。量化监控指的是借助计算的方式进行监控，这种方式需要数据收集，还需要使用数学方法或者模型从定量的角度对监控对象展开数据分析。举例来说，可能会使用到模糊数学方法，还可能会使用到教育测量与统计方法。在20世纪60年代之前，我国在开创课程评价的时候使用的基本都是量化评价，所以在开展课程质量监控时运用的也是量化的监控方法，量化一直占据着主要地位。量化监控最明显的特点是按照标准、按照逻辑做精准化的评价，所以需要预先设置课程质量监控标准、明确监控目标，然后根据结果做对比判断，最后给出精准的课程质量评价结果。后来，随着教育理念的发展，人们慢慢地意识到了量化分析的不足之处，发展到20世纪70年代的时候，人们开始进行课程理解范式方面的研究，量化研究慢慢被替代，质性研究越来越受到关注。

第二，质性监控。质性研究受艺术、人文学科和社会理论的影响而产生，这种方法论揭示了量化研究之"客观性"假设的虚假性甚至欺骗性，确立了研究者参与的合理性，尊重研究对象的个性与独特性，摧毁了"多数"对"实在"的专断。而随着质性研究在课程领域的日益合法化，质性评价在课程评价领域日渐兴盛，质性监控开始步入课程领域并彰显课程质量监控的未来走势。所谓的质性监控就是通过调查、观察与参与，揭示监控对象（包括人、课程及课程实践）的各种特质，以对课程质量进行监督与控制的过程性实践活动，即对课程编制、课程实施、课程评价、课程管理所采取的发展性的质量监督与调控过程。质性监控主张质量监控应全面反映课程问题和教育现象的本真，为改进教育和课程实践提供可靠依据。质性监控的主要特征是倾向于运用情境性、生成性和动态性的眼光关注课程背后蕴含的意义，重视监控过程中遇到的实际问题，以现实为依据来认同价值多元性、淡化数量化监控，并善于运用开放的视角对课程运行的各环节进行督导与调控，从而彰显课程质性监控的开放性、动态性、生成性、价值性和人本性等特点。诚然，鉴于质量监控主体拥有不同的"前见"，在质性监控过程中应尽量克服个体主观因素对课程质量监控的负面影响。

需要注意的是，质性监控和量化监控是对应的，但不是对立的两种课程质量监控形式，两者都是课程质量监控的有效手段，相辅相成以共同致力于课程质量监控实践。

四、基础教育课程质量监控机制的价值

从不同的角度考察基础教育课程质量监控机制的价值，有助于进一步正确认识建立基础教育课程质量监控机制体系的必要性与意义。

（一）基础教育课程质量监控机制之课程发展价值

随着课程的发展，人们必然会建立出课程质量监控机制。监控课程质量除了评价某一个课程的运作情况之外，也是为了保护课程，促进课程的更好发展，让课程可以在学生发展方面发挥出更重要的作用。对课程质量进行监控有助于让课程始终

按照正确的逻辑规律发展，有助于课程始终满足社会发展需要。在展开课程质量监控工作的过程中，除了展开数量化监控、标准化监控之外，也要关注课程本体的发展，探究课程存在的价值和意义，注重课程内在本质的发展与提升，这样基础教育课程的发展才能是健康的、稳定的。

从目前的教育发展来看，几乎所有的国家教育体系中都建立了课程质量监控机制。课程质量监控机制可以认证课程、诊断课程，也可以反馈课程。最近几年，课程质量监控机制除了继续发挥主要功能之外，也开始向其他方向发展。比如，课程系统改革、课程系统管理等工作的开展也会把课程质量监控机制当作基本工具运用。但是，无论课程智能监控机制向哪种方向发展，它存在的本质目的都是全面地对课程决策、设计及实施等环节展开监控，寻找课程运作的各个环节中是否存在问题，并且及时地对问题进行反馈，以保证课程运作的稳定、合理、科学。所以，课程质量监控机制无论怎么发展，其本质都应该是发现问题、提供反馈信息，进而处理问题、完善课程发展。

（二）基础教育课程质量监控机制之学生发展价值

课程质量监控机制在一定程度上助推了学生的个性化成长。每一个学生都是独立的个体，不同的学生成长环境不同、成长经历不同，所以，学生自然而然会表现出认知水平和能力等方面的差异。在这样的情况下，学习相同的课程内容时，不同的学生会给出不同的理解，会赋予课程独特的意义。课程质量监

控机制的开放性特征、价值性特征、生成性特征有助于引导学生自我肯定，有助于引导学生进行意义建构，这在一定程度上推动了学生的个性化发展，避免了学生发展的同质化。

课程质量监控机制应该将课程运作的具体结果反映出来，特别是应该反映出课程所具有的显性特征。课程质量监控机制应该反映出学生在学习课程之后有哪些进步和有哪些成长。举例来说，课程质量监控机制应该反映出学生在课程学习之后，知识掌握情况的变化、认知水平的变化或者认知结构的变化。这些变化代表学校的教育有成效，代表学生在教学的过程中有了发展、有了成长，有了一定的收获。

指向不同目的的课程质量监控机制通常采取不同的形式，因为课程质量监控机制的目的会决定质量监控系统的设计和特征。当前教育成就监测有六个最普遍的目的：①为高一级的教育选拔学生；②认证学生的成就；③监测成就变化的趋向；④评价特定的教育项目和政策；⑤促使学校、学区对学生成就负责；⑥诊断个体的学习需要。

课程质量监控本来并不是直接为形成或促进学生学习的目的而进行的，但课程质量监控的结果能够直接反映课程和学生学习的目标及目标的达成程度，能够为课程和学习设定目标，而目标的设定对课程具有十分关键的作用：①将个体的注意力引导到相关的行为和结果上来；②通过对表现水平的说明来传递常规性的信息；③能够影响学生自我效能的发展，能够全面有效地反映特定的学习目标。

特定的目标之所以能够激励教师和学生的行动，主要是通过反馈来实现的。没有反馈的目标设定是无效的，影响成就的最有力的单一中介就是反馈。课程质量监控机制能够及时提供具体的与特定目标相关的反馈，能够提供基于课程学习情况的及时反馈，因此能够将反馈的潜力发挥到最大，从而更好地促进学习。就此而言，课程质量监控机制的价值也在于通过诊断学生课程学习的长处、弱点和学习需求来向学生提供反馈信息、调整课程活动，最终促进学生的学习和发展。

（三）基础教育课程质量监控机制之教师发展价值

课程质量监控可以推动教师的综合发展。课程质量监控会监督课程的运行情况，在监督的过程中就会发现问题，并且课程质量监控机制会针对问题提出适合的改良建议。课程质量监控机制并不会盲目地确定统一的标准和目标，它会结合教师之前的教学成果给予针对性的指导和建议。在这样的指导下，教师会有更大的主动性、积极性，也会逐渐成长，慢慢地变成教育专家。

虽然有一些学者呼吁让课程质量监控机制发挥管理作用，但是管理作用不应该成为课程质量监控机制的重要功能，可以将管理当作附加功能添加到课程智能监控机制当中。之所以不应该让管理功能成为重要功能，因为课程质量监控机制存在的根本作用是提供课程诊断信息、反馈信息，进而帮助教师和学

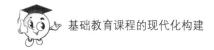

生成长。

当下的教育改革非常关注教师的个人成长、个人发展，课程质量监控除了监控和反馈教师的课程行为之外，也必须在推动教师个人专业发展方面发挥积极作用。在这样的情况下，课程质量监控机制需要站在为教师更好发展的角度出发，而不是单纯地对教师展开行为监控。也就是说，在监控的过程中也应该助推教师的形成性发展。

课程质量监控表面上是监控课程与课程行为，实质上是改造行为，改造与课程利益相关的每一个成员——学生、教师、家长、教育行政官员、教育科研人员等，换言之，课程监控实质上就是监控与改造我们自身。从这个意义上而言，课程质量监控的过程就是一个与课程利益相关的每个成员"自我新生"的过程。为此，教师需要积极地从课程质量监控机制中寻找"自我"，寻找课程质量监控机制对"自我"的意义，并且主动地把"自我"融入课程实践之中，敢于承担课程责任、善于发展课程能力、长于解决课程问题。只有这样，教师才能与课程共同成长，才能在课程发展中获得新生。

第二节　基础教育课程质量监控机制的系统构建

一、基础教育课程质量监控的协商互动机制构建

协商互动式课程质量监控是指监控当事人共享课程权力，

通过协商、对话、互动、合作来共同完成有关课程质量监控事务，旨在使被监控者成为主动而乐意的参与者，以改变过去被监控者在监控过程中被动、不情愿或受强制的状态。在协商互动式的课程质量监控中，监控者的主要作用是在被监控者需要的时候给予指导和必要的信息，这改变了监控者以往的权威地位，使其由指挥者变为协商者、合作者。监控结果的评估也是由监控当事人共同参与完成的，通过共同探讨去总结成果及不尽如人意的地方，以在后续的课程行动中进行改进。这样，课程监控过程不再是规制的过程，而是协商的过程，也是通过协商共同改善课程质量的过程，由此，课程发展也就是基于这种课程共同体的共同协商、多方互动、合力行动的结果。

（一）协商互动机制的关注方向

1. 关注发展方向

协商是指课程质量监控体系中的本质思想与关键词，人们经过协商可以引导发展、推动发展。有效地实施运行协商互动课程质量的监控体系，主要是为了让负责课程质量监控的人员能够努力实现共同的目标，也就是将该体系的手段定为课程质量监控，协商课程从而推动学校的发展，促进教师在专业方面的进步以更深层次地推动课程的发展，让课程质量得到提高，进一步让学生得到更好的发展。协商互动课程质量的监控体系比较重视课程评价的促进和发展功能，从而淡化评价的分级和筛选功能。

学校传统的教育通常使用等级评价，因而形成突出的筛选体系，但是这样的等级评价很明显会导致教育的不平等，会剥夺掉一些学生的学习机会，学生学习的积极性会受到打击，甚至心理方面也会受到一定的负面影响。因为等级评价本身具有竞争性，如果采用等级评价会妨碍对学生给予鼓励从而开展协商学习，所以应该选择非等级评价。

2. 强调多元发展

以前的课程监控主体主要是教育行政部门的评价专家，主体比较单一。而现在，多元化的课程质量评价主体表现在所有相关人员包括被评价对象都会参与评价，这既改变了以前的对立关系，还将个体需求的多元价值取向充分体现出来。协商互动的课程质量监控过程也是当事人一起协商的过程，当事人能参与质量评价，从而一起对评价中有什么因素及不同因素所占的分量做出决定，还能共同制定评价的详细标准。譬如，使用和学生商量分数的方式为学生提供打分和制定评价标准的权力，激励学生进行同学相互评价和自我评价，这不但能提高学生的评价水平和责任感，还能提高学生的合作参与能力和民主协商意识。

（二）协商互动机制中的角色扮演

在课程质量监控的协商互动机制运行过程中，监控当事人（包括监控者和被监控者）角色扮演的成功与否直接影响这种机制的有效运行。他们扮演着如下重要的角色。

第一，课程质量监控的协商者。监控的过程就是在协商的过程中，监控当事人应成为协商者，尤其是监控者不应仅仅充当"专家"，而且应成为协商者。如此一来，监控过程就是监控当事人共同协商课程质量监控事务、共同探究如何提升课程质量并采取何种后续行动的过程。

　　第二，课程质量监控的合作者。监控的过程也是合作的过程，监控当事人应成为合作者。课程质量监控事务并非意味着由监控者单方面来完成，而必须有被监控者的合作。监控者要把一些强制的和非协商的要求向被监控者说明清楚，必须用专业眼光来判断监控目标和监控内容选择的合理性、监控活动组织的适当性，以获得被监控者的充分合作。如果协商后的计划难以奏效，监控者有责任进行必要的调整。

　　第三，课程质量监控的反思性实践者。课程质量监控协商互动体系最重要的就是反思性实践，还将舞台与机会提供给了反思性实践。所以，不管监控的当事人是监控者还是被监控者，都属于反思性实践者。课程质量监控的协商互动体系对监控的当事人提出了要求，也就是在课程质量监控期间应该时刻反思并以此为前提开展行动，从而改进课程的实践，在课程的实践课程中提升课程的质量。

　　第四，课程质量监控的行动者。课程质量监控协商互动体系的实践性非常突出，增强了实践和监控之间的关系，还强调教师是研究行动的人，课程的专家也由合作性研究行动的人替

代了局外人。课程协商意味着学生在选择与发展学习机会时，学生和教师可以表达自己的想法，其中包含很多方面如课程的实施与内容等，而这不代表专业的学术人员可以逃避譬如编制课程过程中的责任，也不代表课程决定完全由学生和教师去做。

值得关注的是，虽然课程质量监控当事人做得刚刚好，事实上在运行课程质量监控的协商互动体系时仍然会遇到一些问题。"协商"从自身来看就需要耗费很多时间，然而监控的当事人可能不想耗费太多精力和时间，与此同时怎样让监控的当事人能快速明白协商的价值是目前应该解决的问题。

一般来说，对于教师的权威，很多学生比较能接受，但如果突然给了学生一定的权力，则会有意想不到的结果，这种结果的出现主要有以下五点原因：第一，从权力层面来看，很多学生不喜欢分享；第二，从协商过程层面来看，很多学生并不喜欢；第三，从协商的权力层面来看，很多学生不知道协商怎么使用权力；第四，从协商过程或者教师的诚心层面来看，很多学生持有怀疑态度；第五，从自信层面来看，很多学生不够自信，只是勉强协商。虽然协商课程的问题也表现在课程质量的监控时期上，增加了课程质量监控期间的复杂性，这样的复杂性不能完全否认协商互动体系存在的意义。

二、基础教育课程质量监控的反馈调节机制构建

根据反馈控制理论，建构课程质量监控的反馈调节机制包

括建立反馈通道、跟踪反馈信息和进行调节控制三个组成部分。该机制特别关注课程质量监控信息反馈的再输送规律，即已经形成的课程质量监控结论或信息如何影响课程系统的再输出，以充分发挥课程质量监控的反馈调节功能。

（一）建立基础教育课程质量监控反馈通道

课程质量监控的结论根据反映课程要素、课程实施过程、课程效果等不同的客体内容，将部分或全部反馈给不同的对象，用于为决策提供依据或供监控对象修改目标、改进工作，这时的监控结论也可称为反馈信息。反馈信息的再输送必须通过一定的信息反馈渠道来完成，根据反馈的对象和要求的不同，可以有以下三种不同的反馈渠道。

1. 职能反馈

职能反馈是一种纵向的反馈方法。监控的结果由监控者提供给决策者，将决策的凭据提供给他们，主要是由监控者全面地把有关课程质量监控的信息反馈给上级的教育主管部门或者学校的行政职能部门，方便决策者做出客观判断。反馈的形式既可以是书面的反馈，也可以是口头的反馈或者举办汇报会。反馈时不管使用哪种方式，都应该真实和全方位地反馈课程质量的状况，从而方便决策者对具体情况有全面而系统的了解。

2. 对象直接反馈

对象直接反馈指的是监控者直接把有关结论反馈给监控对象（学生与教师），让监控对象能快速地了解课程的学习效果与

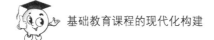

课程的教学。如果有必要的话，监控对象还能解释某些结论并将之后的改进建议与意见提出来，这样的方式能激励和指导监控对象完善与改进自身的学习与工作。当然，监控对象可以是个体或者利益有关的群体，比如一个班的全体学生或者一个课程组的全部教师等。在课程质量监控中，此种方式很常用，能够推动课程教学的创新与规范，还有利于课程质量的提升。

3. 大众反馈

大众反馈是一种横向的反馈方法，指的是监控者在一定的范围内公布监控的结果时会借助某些途径或者媒体。其常用于监控结果中不涉及保密性但又有公共价值的信息与数据，借助网络、广播和报纸等媒体在一定范围内公布，这不仅能作为有效的资料供有关学者展开研究，对教师彼此间的借鉴和学习也有帮助，还能用事实与数据将课程建设的效果展示给大众，同时被大众监督。在某种意义上来说，这可以消除大众误解学校课程的问题，努力获取大众的支持与认可，进一步提高监控信息的使用频率。

(二) 跟踪基础教育课程质量监控反馈信息

反馈通道建立以后，监控者明确了反馈信息的流向，下一步更为重要的工作是要将反馈信息以科学、恰当且具有建设性的方式反馈给相应的接收者，促使其最大限度地接受，从而对监控对象建立客观、全面的认识，以改进工作和学习，实现课程质量监控的最大价值。

课程质量监控信息的反馈要根据控制论中反馈原理的要求，结合课程质量监控对象的特点分对象、分层次地进行。其基本过程就是监控者根据监控目标的不同来确定反馈信息，并且通过一定的信息反馈通道向决策者、监控对象或其他反馈信息接收者传递，促进反馈信息接收者强化或校正相关决策与行为以形成新的信息输出，从而构成一个完整的、良性循环的信息流程，对课程体系的构建和完善及课程体系转化为教学体系、教学体系转化为学生素质体系的过程和模式进行调节和优化，充分达成理想的课程效果。在这个过程中，监控者将根据反馈信息、反馈通道及反馈信息接收者情况的不同，采取不同的方法和方式进行反馈。一般而言，反馈信息必须遵守以下原则。

　　第一，客观、全面的原则。连接全部评价过程和监控过程的总原则是全面、精确、客观，尽力达到客观事实和价值判断的一致。然而，这在许多实践中却是相反的，评价和监控工作都是人做的，必不可少地会产生某些主观成分的影响，不可能完全做到和客观事实相统一。所以，在所有的环节中都应该经常指出评价和监控工作的全面与客观，注重从推动学生的健康成长和全方位发展及课程的发展角度出发。反馈给决策者评价结果时，监控者不仅要整体把握、仔细分析监控报告体现出来的信息，更要对监控对象的其他状况有一定的了解，从而弥补反馈信息的缺陷、矫正反馈信息的偏差，进一步从监控活动中获得收获，而不能为了抢着评优"不报忧"或者为了抢资源

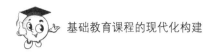

"只报忧、不报喜"。

第二，及时的原则。社会飞速发展，每天都有新的可能，所以反馈要及时，这非常重要。反馈只有足够及时，问题才能被快速地发现与解决，让问题在萌芽状态就被解决。与此同时，不仅要将课程质量监控的激励功能充分发挥出来，而且要让监控者及时地给监控对象反馈监控结果，让监控对象可以依据监控者的反馈情况及时地调整自己的工作与学习方式，从而发挥出反馈功能的负面鞭策与正面激励影响。

第三，与指导性意见相结合的原则。课程质量监控的目的不是监控，而是服务于课程建设的改进与增强、课程品质的提高、学生全方位发展的推动。所以，在处理评价和监控信息时，在反馈监控结果时，尤其是提出现有的问题时，监控者应该协助有关人员把问题的根源找出来，并为其提供有效的建议与意见。

三、基础教育课程质量监控的社会中介机制构建

（一）社会中介参与课程质量监控的意义

基础教育作为教育的基础，比其他类型的教育更加需要社会力量的参与。社会中介参与的目的在于提高课程质量、促进课程发展。社会中介参与课程质量监控具有重要的意义与特殊的作用。

第一，社会中介组织的参与有助于拓展基础教育课程质量

监控的主体范围。目前，我国基础教育课程质量监控的主体主要是学校和政府，它们是管理者或者实施者，因此，在课程质量监控事务上难免各自从自身的立场出发，可能有失偏颇。社会中介组织参与课程质量监控则弥补了这一缺憾，社会中介组织本来就是基础教育课程外部质量监控体系的一个重要主体。

第二，社会中介组织的参与有助于构建一个更客观、更公正的课程质量评价体系。学校和国家相关部门无法将自己与基础教育的关系割裂开来，因此在制定课程质量评价标准时难免带有主观倾向性和片面性，社会中介组织的参与可以在一定程度上弥补这一不足。作为社会中间系统，社会中介组织既不依附于学校，也不依附于政府，具有独立性或非政府性的特点，其行为活动一般不受政府或学校的支配和影响。因此，社会中介组织在制定基础教育课程质量评价标准时能够坚持价值中立，从而对基础教育课程质量的评价做到更加客观、公正、公平。

第三，社会中介组织的参与有助于建立更加合理与健全的课程质量监控系统。一般来说，课程质量监控包括学校自身的课程质量监控及政府针对学校的课程质量监控。在具体实践中，监控活动的主体和客体之间具备相对性，在具体操作时监控学校课程质量委员会的人及自身的行为并不会被监控。这样很明显，评价的效度与信度及课程质量监控的效果很难得到保障。如果社会的中介机构参与进来，则可以监控到学校与政府的课程质量监控活动。如此一来，才会让课程质量监控系统更完善

和健全。

第四，社会中介组织的参与有助于建立更有效和顺畅的反馈系统与信息传递体系。身为政府和学校的中介，社会中介组织不仅能为政府给学校提出要求标准，还能为学校向社会和政府提出自己的需求，成为政府和学校之间的桥梁。建立起有效和通畅的反馈体系与信息传递体系，这对于课程质量保障系统来说是至关重要的组成因素。

除此之外，学校和政府间存在的矛盾可以因社会中介组织参与课程质量监控而得到缓解，该组织不仅能摆脱掉自己"运动员"和"裁判员"的双层身份，还能让学校全面客观地意识到自己存在于课程发展中的缺陷。

（二）社会中介参与课程质量监控的策略

目前，社会中介组织参与课程质量监控已在世界范围内被普遍看作社会中介组织对学校工作的积极支持。社会中介组织参与课程质量监控的一种重要表现形式是经过法定程序批准的各种社会中介机构参与合作或独立地从事课程质量监控工作、进行课程实施成效的监控与评估等，使课程质量监控活动在比较与竞争中发展，使教育效能检核和课程教学质量评估更加具有客观性、公正性和透明度。

1. 社会中介参与课程质量监控的方式

通常来说，社会中介组织参与课程质量监控活动时是可以分类的，可以清楚地知道社会中介组织是参与政策制定与学校课程的管理工作，还是参与现实课程的教学工作。社会中介组织依据不同的课程质量监控过程的参与形式可分为四个类型，也就是作为消费者、生产者、管理者和委托人的参与。

（1）社会中介组织作为委托人参与课程质量监控活动。当社会中介组织作为委托人参与课程质量监控时，他们能对社会大众和学校之间建立关系起到一定的作用。教师家长协会（PTA）便具备这种功能。

（2）社会中介组织作为生产者参与课程质量监控活动。当社会中介组织作为生产者参与课程质量监控时，他们能对课程标准与计划等学校课程文件的制定起到一定的作用。他们在为学校课程计划的制订提供帮助时，身份大多是教师助理、课程顾问、家庭教师、课程监督员、教学辅助人员及志愿工作者等。他们会为教师与学生提供技术引导与有关的课程信息等。虽然在这方面开展的研究比较有限，但是他们作为生产者参与课程质量监控，可以使学生的学习成绩有所提高，这是不可否认的。由此可以看出，社会中介组织参与课程质量监控以后能不能提高学生的学习成绩，最重要的问题就是该组织的参与和学校的教学活动有没有直接关系。当学校的教学活动中有该组织的参与时就能提高学生的成绩，也就是说学生能提高成绩与该组织能担任家庭教师或者咨询者的角色相关联。

（3）社会中介组织以消费者的身份参与课程质量监控。当社会中介组织以消费者的身份参与课程质量监控时，他们一般

是与当地教育部门或者学校进行合作，利用学校的课程资源开展各种形式的教育，但社会中介组织以这种形式参与课程质量监控对课程决策的影响却是微乎其微的。从理论上而言，社区学校是社区和学校两种力量的结合，然而实际上学生就读的全日制学校和社会中介参与的社区学校是相互独立、不尽相同的。

（4）社会中介组织以管理者身份参与课程质量监控。社会中介组织以管理者身份参与课程质量监控，可以通过社会公众参与学校课程管理来具体说明，这种形式的参与主要基于三个观点：①管理者是负有责任的；②家长授权学校来代表家长利益；③社会公众有表达他们对课程问题的观点和看法的权利与责任。

2. 社会中介参与课程质量监控的方法

社会中介组织主要通过学术研究、质量监控、质量评估、提供咨询服务等路径来参与基础教育课程质量监控。

（1）用学术研究的方法参与基础教育的课程质量监控活动。社会中介组织有属于自己的研究机构且研究的项目很多，不仅会从实践中研究宏观的课程政策、从理论上分析宏观的课程政策，还会研究微观的学校教学改革等。该组织经过研究产生的结晶不仅能提供决策参考来帮助政府更好地制定课程政策，还能提供理论依据来帮助学校进行教学改革，有利于课程质量的保证。

（2）用质量监控的方法参与基础教育的课程质量监控活动。

社会中介组织参与课程质量监控的类型有两种：第一，直接监控，也就是调控和监测学校的开展计划状况及所有课程文件，如课程标准与计划等。第二，监控开展课程质量监控的人及这些人的行为活动，比如监控学校和政府的自我监控活动，也就是元监控。该组织在参与课程质量监控活动时，对监控期间得到的影响课程质量的因素进行分析和整理并向学校和政府反馈这些信息，将这些依据提供给学校和政府，让他们做出更好的改进，进一步为基础教育的课程质量提供保障。

（3）用质量评估的方法参与基础教育的课程质量监控活动。课程质量监控系统中很重要的一部分便是质量评估，这也是社会中介组织主要参与质量监控活动的方式。该组织的参与能克服纯粹地由学校开展评估而存在的主观性与片面性，通过专业的方式将价值中立的原则坚持到底，广泛地采集质量评估的信息，将质量评估指标系统地建立起来以确保合理、客观和公平。在对基础教育课程开展质量评估时依据确定好的评估指标，将评估的结果公布到社会中时也要使用合理的方法，进一步达到跟踪监控学校的课程质量以确保基础教育课程能更好地发展。

（4）用提供咨询服务的方法参与基础教育的课程质量监控活动。社会中介组织比较独立，他们能在和社会的联系中将信息化平台和公共的数据库建立起来，以此得到对基础教育课程满意度的相关信息。该组织可以提供咨询服务的前提便是数据，由于有详细的第一手资源，所以不仅能将资讯信息提供给政府，

还能将服务指导提供给学校，进一步疏通好学生、学校、家长和政府间的信息沟通途径，为基础教育课程的满意度提供保障。

第三节 基础教育课程质量监控机制的现代化保障

一、基础教育课程质量监控机制的组织保障

实际上，任何活动都是相关组织和主体的行为，课程质量监控活动亦如此。因此，关于基础教育课程质量监控组织机构体系的建构与完善应当是我国基础教育课程质量监控机制整体设计的一个重要组成部分。

（一）基础教育课程质量监控机制的组织主体

从理论的角度来看，基础教育课程教材质量监控机制的组织主体具有多样性，因为课程质量监控关乎很多人的利益，这些利益受到课程质量的影响，其组织主体是课程质量监控的主体。另外，基础教育课程质量监控本身属于社会公共事务，不同的是此种社会公共事务的行使权力一般会委托给相关学校或教育机构。所以，社会中的所有主体都可以成为基础教育课程质量监控的主体。在课程质量监控中，这些主体都起着至关重要的作用。值得一提的是，基础教育课程质量监控的主体并不都能发挥一样的作用。因为在基础教育课程质量监控的过程中，他们扮演着不同的角色，社会地位各不相同且专业知识水平也

不相同，所以这种主体差异性在基础教育课程质量监控中起到的作用也不相同。

从目前的社会公共事务管理来看，一种普遍的趋势存在其中，即监控职能由独立的监控机构行使，在建立独立的基础教育课程质量监控机构的过程中实践课程质量监控是必然的选择。但是，从我国目前的实际情况来看，更适合我国的是政府和独立的监控机构共同完成基础教育课程质量监控事务。

当前，我国已经意识到课程质量监控的重要性，更是主张深化基础教育课程改革，建立国家和省级新课程的跟踪、监测、评估、反馈机制，加强对基础教育质量的监测并成立国家教育质量监测、评估机构，定期发布监测评估报告，加强教育监督检查，完善教育问责机制。课程变革的深化需要加强对基础教育课程质量的监控，更需要构建一个面向课程决策、设计、实施、评价的一体化基础教育课程质量监控机构，其中基础教育课程质量监控机构的组织设计问题亟待解决。

我国目前的监控机构主要是官方的各级督导室、教研室、教科院，在历次课程改革过程中它们发挥了较大的功用，但也暴露出一系列问题。为此，迫切需要构建一个完善的课程质量监控机构体系，具体途径如下。

1. 建立职能专一、层级分明的课程质量监控机构

职能专一指课程质量监控机构最主要的职责就是监控课程质量，具体来说主要监控课程设计、课程实施、课程决策

与评价。实现层级分明是指课程质量监控机构应该分成不同的级别，便于辨认和厘清层级，例如可以分为中央级别、地方级别及学校级别。具体而言，中央课程质量监控机构的主要职责是监控国家设定的决策课程、课程实施、课程评价及课程设计，从宏观的角度监控全国各地课程的运行情况；地方课程质量监控机构的主要职责是监控所属地区的课程运行情况；学校课程质量监控机构的主要职责是监控学校内部的课程设计、课程决策、课程评价及课程实施情况。由此，在课程质量监控网络中，各级监控机构的监控情况都汇入监控系统中，可以呈现不同地区、不同学校、不同年级、不同层次的课程体系。

2. 构建官方与非官方并存的课程质量监控机构

官方机构的监控可以有效反映国家管理需求和社会认证教育质量的需求，官方监控机构具有较强的权威性和公信力。另外，辅助性监控机构的出发点不一样，它可以从不同的角度灵活地监控运行问题，学校很容易接受这种监控方式。所以，除了官方监控机构的监控外，非官方的辅助性监控机构也不可或缺。

按照上述思路设置的监控机构及其职责大致为：我国基础教育课程质量监控的实施主体无疑是代表国家行使教育管理权的各级教育行政主管部门——中华人民共和国教育部、厅、局。教育部下辖的机构——基础教育司——设置独立的基础教育课程质量监控机构，负责行使基础教育课程质量监控的管理权。具体而言，该机构的职责应当包括在现有的基础教育各学科课程标准的基础上，制定各学段乃至于各年级学生学习的表现标准体系；选择检测工具，建立检测题库；确定检测科目；确定样本选择规则，并确定年度检测样本；分析处理全国性的检测数据；以省为分析单元，发布全国性的监控报告；以监控结果为依据，向教育部提供全国性的课程决策建议，向各省教育行政部门提供课程决策建议。相应地，各省（直辖市、自治区）也应当设置基础教育课程质量监控机构，组织落实基础教育课程质量监控事务。省级机构的职责包括组织落实全国性基础教育课程质量监控的统一测试；收集本省的原始测试数据，以及其他关于基础教育课程和学生学习结果的数据，呈送中央监控机构；根据中央监控机构返还的监控数据，形成省级监控报告，并在本省范围内发布；向省级教育行政部门提供课程决策建议，并以县为分析单位向各县提供课程政策调整建议。

国家基础教育质量监控机构和省级基础教育质量监控机构的主要职责是管理基础教育课程质量监控，在实时监控、处理数据及撰写报告等工作中需要具备很高的专业性。所以，在构建基础教育课程质量监控体系时，还需要负责具体事务的专业机构。当下，国家强调相关机构应该精简，因此这些机构应该以中介的形式存在，并在此基础上发挥重要的监控作用。作为中央监控机构，应该设定科学、合理的准入标准，对这些中介

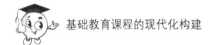

机构实施准入认证，除此之外还应该设定竞争机制，进而购买这些机构的专业服务；如果中介机构具备投标的资格，中央监控机构可以将中介机构列入基础教育课程质量监控体系中。但是，就目前来看，我国现有的中介机构还处于起步阶段，因此国家应该大力支持实力强大的组织来助力这一类专业机构并给予大力扶植。值得一提的是，官方课程质量监控机构和非官方课程质量监控机构相互独立，没有领导和被领导的关系，相反，它们相互帮助、协作互补。

3. 准确定位课程质量监控机构的主要性质

目前，教育机构的性质定位主要有三种，即行政性教育机构、市场中介机构、国家事业机构。课程质量监控机构的性质定位应是国家事业机构。首先，若定位为行政型机构，课程质量监控机构势必像督导室、教研室、教科院一样，无法避免职能矛盾和职权交叉的状态，而且与政府机构改革及其职能转变的理念背道而驰。其次，若定位为市场中介机构，这确实顺应了我国由计划经济向市场经济转变的举措，而且也不失为一种新式的机构类型。但是，根据我国目前的国情，基础教育承担主要责任的观念已根深蒂固，简单地委以重任给市场是有风险的。最后，若定位为国家事业机构，则既可以在教育管理体制转型过程中借助政府的力量，又可以避免因行政性质而出现的与督导机构职能重叠和权力冲突问题及因市场中介性质远离教育机构的现象。所以，基础教育课程质量监控机构性质的定位应该是国家事业机构。

（二）基础教育课程质量监控机制的组织类型

人们为了实现特定目的会自主形成系统集合，这种系统集合就是组织，而组织设计的主要职责是明确组织的内部关系及构建组织架构。从课程质量监控机构的角度来看，组织设计需要先明确监控机构的功能和类型，由此才能确保每一项工作的顺利进行，进而实现目标。学校的教研系统、评估系统等都具备监控课程质量的作用。另外，最值得人们关注的问题是在课程变革的进程中应该监控的内容是什么及各级机构需要承担的职责有哪些，这些都是尚未明确的内容，由此可能导致监控不到位、推诿责任等问题。所以，应该不断调整和改进监控机构，不断强化监控职能，让各个机构分工明确、各司其职，进而保障监控工作的有效推进并为课程改革提供有效支持。

一般情况下，按照组织类型划分，课程质量监控机制主要包含三种形态，即官方的课程质量监控、半官方的课程质量监控机构及非官方的课程质量监控机构。

1. 官方的课程质量监控

官方的课程质量监控机构主要包括督导机构、教研机构和评估机构。

（1）督导机构。督导机构的主要职责是监督和问责。课程运作是一个系统的、动态发展的过程，特别是在课程实施过程中，由于影响因素的多样性及现实情况的复杂性、多样性，稍

有不慎就很容易导致课程运作的"异化"和"变形"。因此，我们需要发挥督导的各项职能，随时跟踪课程运作的情况以做到及时发现问题、研究问题、反馈问题并达到解决问题的目的，使课程系统能够按照既定的方案有效运行。

（2）教研机构。教研机构的主要职责是支持和服务。教研室作为一种专业性机构，它和督导机构应该有明确的职能分界。在基础教育课程质量监控过程中，如果督导机构是发现问题的"透视镜"，那么教研机构则是解决问题的"助推器"，它通过提供理论和智力支持，帮助学校和教师落实课改目标。教学视导是通过影响或改变教师行为，借以改进教学计划所进行的一切活动。目前，这一功能在我国课程改革过程中已体现出来，例如当前各中小学教研机构已把基础教育课程改革作为中心工作，充分发挥教学研究、指导和服务等作用，并且与基础教育课程研究中心建立联系以发挥各自的优势，共同推进基础教育课程改革。

（3）评估机构。评估机构的主要职责是考核和反馈。在以往的监控体系中，评估和督导是混合在一起的，督导过程就是评估过程，评估活动就是督导活动。事实上，这种观念来自现实经验，而非科学的组织设计，没有评估提供的数据信息，督导将可能失去判断的依据，但是课程评估机构作为课程质量监控的一种组织形态，不应成为某个人或某个组织随意评说和决断的工具，而应有其明确的职能定位。在行政性的课程质量监控机构中，评估机构犹如一个"诊断器"，在课程运作过程中无论课程决策、课程设计有多么完美，一到课程实施环节就总会出现意想不到的现实问题，评估机构通过权威的、科学的评估技术对课程实施阶段出现的问题进行反思、评判，及时为课程改革把脉开方、矫正方向，以保证课程的有效实施。

2. 半官方的课程质量监控

通常情况下，半官方机构是指政府创立的协会、社团等组织，它们和政府的关系比较密切但又不属于政府部门，没有直接的行政权。半官方机构在相关的法规和政策规定下具有独立性的实体，也许是政府的直属事业组织，也许是直属于国家政府机关的组织，它的职权是政府授予的。除此之外，它和政府之间并没有行政归属关系，具有一定的独立性。

从基础教育课程质量监控机构的角度来看，国外已经建立了成熟的半官方机构，并且这些机构还在课程质量监控中起着重要作用。比如，英国成立的资格和课程委员会根据联邦政府的政策制定课程教育大纲及课程评价标准，它们的独立性比较明显，具有独立的评估体系及评估组织，此外还会组织考试并颁发相应的资历证书及学历证书。

当前，我国开始重视半官方机构在基础教育质量监测中的作用，并在此基础上加强监测。另外，我国运用"项目驱动"的形式开展监测也取得了较好的成果，即建立了监测义务教育的工作机制，并且根据我国的实际情况形成了三级项目管理体

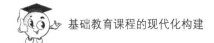

系。县级项目管理也都成立了监测领导小组，建立了相应的工作管理制度。半官方课程质量监控机构最主要的职责就是积极调研及有效监测，它可以有效改进专业能力和技术平台对基础教育课程的变革效果，最终实现动态调控和宏观监测。

3. 非官方的课程质量监控

非官方的课程质量监控机构是指比较专业的中介监控机构，这些中介机构是连接政府、社会和学校的重要桥梁。非官方的课程质量监控机构既不是学校和社会的代言人，也不是政府的附属机构，可以有效调节各种不同组织的群体利益。

首先，非官方课程质量监控机构可以客观、真实地传达和贯彻政府精神，还可以帮助政府指导学校的课程管理；其次，这一类机构可以利用科学调研向行政部门反映学校的需求和困难，在此基础上为国家的课程评价及课程决策提供准确、有效的信息，进而保障课程决策和实施的科学性和规范性。另外，当各方在课程改革问题上出现分歧时，非官方的课程质量监控机构可以作为"缓冲器"化解各方的利益冲突。中介组织会介入各方的运作过程以尽量化解各方的矛盾，最终实现双赢。一般情况下，中介组织的主要职责是评估和咨询，它们具有较高的专业水平和专业技能，利用自身的优势为政府、社会和学校提供理论支持和技术支持，具体表现在课程决策、咨询、评价等方面。

当前，一部分国家已经拥有了一部分负责监控职责的中介机构。比如，非官方的课程质量监控专业中介可以分为两大类：一类是教育证书考试机构，比如牛津和剑桥考试局等，这些机构主要监控课程和教学质量终端；另一类机构是以服务学校的教学质量为宗旨，这类机构依据学校的需求来监测课程实施过程，并且评估学生的学习情况和学校的教学质量，从中发现问题、解决问题。当前，我国已经出现了评估中介组织，比如广东的教育评估和发展研究中心、江苏的教育评估院等组织。我国各地也相继成立了省级教育评估中心，但与此同时从基础教育课程监控机构当前的发展情况来看，我国的中介机构功能比较单一，因此，对于非官方中介组织来说，完善机构的建设任重道远。

（三）基础教育课程质量监控机制的组织权力

课程质量监控机构的组织权力运作主要有两种形式，一种是直线权力，另一种是参谋权力。

1. 直线权力的运作

课程质量监控机构的直线权力运作是一种层级性、命令式的权力体系，包括领导、指挥、监督、决策、管理下属的权力，这种权力形式从组织的高层一直延伸到基层，形成一个命令链条。"指挥"与"报告"是这种权力形式的主要特征，一般而言官方课程质量监控机构的组织权力就属于这种科层式组织权力。例如，英国的督导员分为三个层次，最高层是直属于教育标准办公室（Ofsted）的皇家督学，他们不直接进行督导检查，而是

审阅督导报告，监督学校落实报告中的改革措施。中间层是注册督导员，他们是具体督导项目的负责人，负责承接 Ofsted 的督导合约，组建督导小组对学校进行检查和撰写报告。注册督导员之下是学科督导员和非教育督导员，学科督导员多数由资深教师担任，负责对某个学科的教学情况进行检查；非教育督导员多数由非教育专业人士担任，负责对学校的管理和财务进行检查。不论是注册督导员、学科督导员，还是非教育督导员，都要接受 Ofsted 的培训和指导。英国的监督机制层次井然、分工明确，从上至下形成了一个完整的权力体系，这种权力配置可以保证政令畅通，有效地达成课改目标。

我国的督导机构与教研机构也属于这种权力形式，督导机构分为国家级、省级、市级、县级督导机构，教研机构分为省级、市级、县级教研室，每一个监控序列都有明确的权力范畴。我国的官方课程质量监控机构和英国等国家的监控机构设置略有不同，分化比较具体，这是国情使然，有其合理性。当前，我们需要做的工作不是整合现有督导机构和教研机构，而是要明确不同监控机构的职能界限，进一步进行合理的权力配置，这样不同的课程质量监控机构才能有机配合，有效地担负监控职责。

2. 参谋权力的运作

在课程质量监控机构中，参谋权力必不可少，并且参谋权利的运作形成了协作式的权力体系，参谋权力运作具有服务性、建议性、顾问性等特征。如果机构具备参谋权力的功能，就可以提供专业技术和服务给直线管理组织并协助组织实现最终的目标。有参谋权力的组织主要负责谋划，当它们为直线管理组织提出建议时只有被接纳采用之后才算有效，直线权力和参谋权力的关系是"参谋建议，直线命令"。其中，我国具有参谋权力的机构主要是半官方监控机构中的检测中心、非官方咨询机构和非官方评估机构，虽然它们不具备直接发号施令的权力，但可以凭借自身的专业优势及技术优势提供合理、有效的建设意见并监控目标的达成情况。

课程质量监控是一项复杂、系统的工程，运用直线权力可以有效保障课程的高效运作和有序运行，但从实际情况来看，课程方案的成功需要协调各个利益群体的意见，所以成功的课程方案需要监控机构发挥参谋权力，为官方监控机构提供多样化的工作方案，让课程质量监控更加科学合理。除此之外，监控机构还应该及时发现课程实施过程中的缺点和问题，并且根据实际情况提供有效的改进措施，进而保障课程顺利进行。

目前，在课程质量监控过程中，具备参谋权力的监控机构发挥着至关重要的作用，但如何有机整合参谋权力和直线权力，还需要相关机构进一步深入探索和研究。

二、基础教育课程质量监控机制的技术保障

构建专业组织可以有效完善课程质量的监控系统，构建制

度则可以有效保障监控机制的运行，但是如果没有专业技术作为支撑，机构的构建就会因为缺少载体而变成空中楼阁。所以，应该从技术层面完善监控机制，让监控机制依附在一定的载体中。技术领域具有较高的复杂性，下文从监控方式的角度研究如何进行技术构建。

（一）基础教育课程质量监控机制的课程督导

所谓课程督导，较之于我国当前的督导制度，有以下两个特色：①课程督导是针对课程决策、课程设计、课程实施、课程评价各环节所进行的督导，是面向课程运作整体的督导，故曰课程督导。这种课程督导必然要打破当前督导局限于课程实施环节的现状，用一种开阔的视野面对课程运作系统，而非仅仅面向一线教学。②课程质量监控机构既非行政型，亦非完全的市场中介型，而是介于政府和市场中间的国家事业型教育机构。因此，在此之下的课程督导亦具有此特点，它可以既不受行政职能混淆、权责不明的牵连，又可以与当前面向一线教学的督导机构保持和谐的关系，还可以摆脱完全市场中介型机构的风险。

（二）基础教育课程质量监控机制的课程评价

目前，在我国的课程改革进程中，课程评价需要从建立健全评价学生的体系、完善评价教师的体系、改进评价课程的体系、对中考和高考制度进行改革这四方面开展工作。根据课程改革的评价对象和整体运行情况来看，这些评价体系必不可少，但如果从课程质量监控机制的角度来看，这些评价体系则比较单一，换言之，这些评价体系在一定程度上忽视了纵向评价课程运作系统且淡化了课程本身的评价。所以，监控机制的主要作用是对课程设计、决策、实施及评价等过程展开全面监控，进而发现其中的运行问题并及时调试，以此保障课程合理、科学地运作，最终实现课程目标。因此，这种课程评价体系的主旨是发现问题，为课程运行提供有效的改进意见。在课程目标的指向下，课程评价机制应该这样定位课程评价体系的价值。

首先，注重课程整体。课程评价并不是简单地对某个环节做价值判定，而是应该从课程的整个运行环节出发，全面地分析和解决课程评价中的问题，给课程运作提供有效的改进信息。

其次，注重过程。整个课程运行过程不仅需要"课程评价"这一套系统的理想方案，还需要注重实施过程，在课程实施的过程中应该不断改进和完善课程体系。

再次，注重课程本身的价值。课程改革中的课程评价是以学生的发展为立足点，但在课程运行的过程中，课程评价更加注重课程自身的价值，即更加注重课程运作的各个方面是否科学、合理。

最后，注重发展。从本质上来说，课程运作并不只是简单的线性运行过程，还是一个开放、循环、螺旋上升的运作系统，因此在课程运作的过程中，课程评价应该更加重视课程的可持续发展，进而为课程运作提供助力。

（三）基础教育课程质量监控机制的课程反馈

课程改革是一个需要设计论证、实验验证、试行实施、调试改进、逐渐推进和完善的过程，在此过程中，问题甚至挫折的出现在所难免。如何解决这些问题，如何在课程改革的调整过程中避免再次出现类似问题，这就需要我们构建一个动态的反馈系统。之所以称之为“动态的反馈系统”，是因为人们希望将课程督导和课程评价的结果及时、迅速地反馈给决策主体，尽量避免因反馈滞后而造成问题的拖延和耽搁。这种动态的反馈系统必然与监控过程融为一体。

需要注意的是，虽然反馈、督导、评价三者之间具有紧密的关联性，但反馈不同于督导和评价，三者关注的重心也不同。课程督导应深入课程运作的内部，重在对课程运作环节进行细微、具体、过程性的监督和指导，可以说既“督”又“导”。课程评价较之于课程督导，其重心在于“评”，其职责也在于“评”，重在得出一个客观的评论结果，而指导的成分较少。反馈系统，其功能在于将课程督导和评估的结果及时反馈给决策主体，重在信息的传递。反馈系统的确立，可以使课程运作的各个环节减少问题的再次出现，或者弱化这些问题所造成的影响，缩小其影响范围。

参考文献

[1]陈兰枝，范军. "减"时代的基础教育出版：挑战、机遇与发展进路[J]. 出版广角，2022（7）：33-37，57.

[2]成尚荣. 基础教育课程改革的中国方案[J]. 中小学管理，2018（11）：23-27.

[3]邓双喜. 对我国基础教育课程改革的几点思考[J]. 教育探索，2010（12）：39-40.

[4]范蔚. 试论基础教育课程改革的区域推进模式[J]. 课程. 教材. 教法，2022，42（2）：49-53，79.

[5]范尊娟. 基础教育优质资源的数字化开发与利用[J]. 教学与管理（中学版），2022（2）：21-24.

[6]关松林. 关于基础教育课程改革成效、问题与对策的思考[J]. 课程. 教材. 教法，2010，30（7）：14-17.

[7]郭芳. 基础教育阶段教材使用的个性化实践[J]. 教育理论与实践，2022，42（5）：44-47.

[8]韩兵兵. 信息技术与基础教育课程整合初探[J]. 名师在线，2019（15）：54-55.

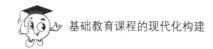

[9]郝凤. "双减"背景下基础教育治理现代化的困境与突围[J]. 现代基础教育研究, 2021, 44(4): 110.

[10]郝志军. 基础教育课程改革反思与推进建议[J]. 西北师大学报(社会科学版), 2017, 54(5): 99-104.

[11]李定仁, 段兆兵. 论我国基础教育课程的多样化发展趋势[J]. 教育理论与实践, 2006(23): 24.

[12]李刚, 辛涛. 基础教育质量的内涵与监测评价理论模型[J]. 华东师范大学学报(教育科学版), 2021, 39(4): 15-29.

[13]李帅军, 王永玉. 基础教育教师专业高质量发展路径的校本探究[J]. 河南师范大学学报(哲学社会科学版), 2022, 49(1): 144-150.

[14]李伟, 蒋璐. 我国基础教育教研制度的历程、特色与展望[J]. 教学与管理(中学版), 2022(7): 1-6.

[15]李艺, 钟柏昌. 基础教育信息技术课程标准: 起点、内容与实施[J]. 中国电化教育, 2012(10): 23-27.

[16]廖辉. 我国基础教育课程改革的类型学与治理机制[J]. 课程. 教材. 教法, 2021, 41(7): 39-46.

[17]廖诗艳, 文雪. 质性评价: 基于课程标准的基础教育教学质量监控途径[J]. 教育导刊(上半月), 2012(7): 25-27.

[18]刘燚. 论信息技术与数学课程整合的实践策略[J]. 现代远距离教育, 2014(4): 39-43.

[19] 龙安邦. 基础教育课程改革中的效率与公平[D]. 重庆: 西南大学, 2013: 46.

[20] 吕立杰, 马云鹏. 基于教育公平的基础教育课程发展质量考察维度构建[J]. 教育研究, 2016, 37(8): 99-106.

[21] 秦伟, 李海峰. 信息技术与课程整合存在的问题及对策[J]. 教育探索, 2013(11): 30-31.

[22] 王静. 基础教育数字资源公共服务质量的提升研究[J]. 教育理论与实践, 2022, 42(5): 18-20.

[23] 王萌萌. 高质量视域下基础教育新设学科评价探索[J]. 东北师大学报(哲学社会科学版), 2022(2): 168-174.

[24] 王琦博. 人工智能时代基础教育课程现代化转型的认识与思考[J]. 大学, 2021(5): 103.

[25] 文丰安, 刘昊东. 均衡发展: 我国基础教育发展的路径选择[J]. 教育理论与实践, 2022, 42(10): 13-16.

[26] 吴庆国, 张效宇. 多元视角下的基础教育[M]. 长春: 吉林大学出版社, 2017.

[27] 夏惠贤, 王勇. 基于文化变迁的我国基础教育课程改革的回顾和展望[J]. 课程·教材·教法, 2021, 41(4): 4-11.

[28] 薛继红. 关于对我国基础教育课程评价的探析[J]. 教育理论与实践, 2016, 36(26): 43-45.

[29] 尹后庆. 以基础教育高质量发展为目标的课程改革[J]. 基础教育课程, 2022(1): 4-8.

［30］张国华．科学修订义务教育课程，深化基础教育课程改革［J］．基础教育课程，2022（9）：9-14.

［31］赵文学．论基础教育与高等教育的关系重塑［J］．现代教育科学，2022（2）：18-23.

［32］朱静萍，王永强．落实新课程，促区域课程现代化［J］．基础教育课程，2022（17）：4-8.

［34］高丽．人工智能时代我国基础教育的现实挑战及路径选择［J］．当代教育科学，2020（6）：86-91.

［35］文丰安，刘昊东．均衡发展：我国基础教育发展的路径选择［J］．教育理论与实践，2022，42（10）：13-16.